DEUS **DESEJA** QUE **TODOS** SEJAM **SALVOS**?

DEUS **DESEJA** QUE **TODOS** SEJAM **SALVOS**?

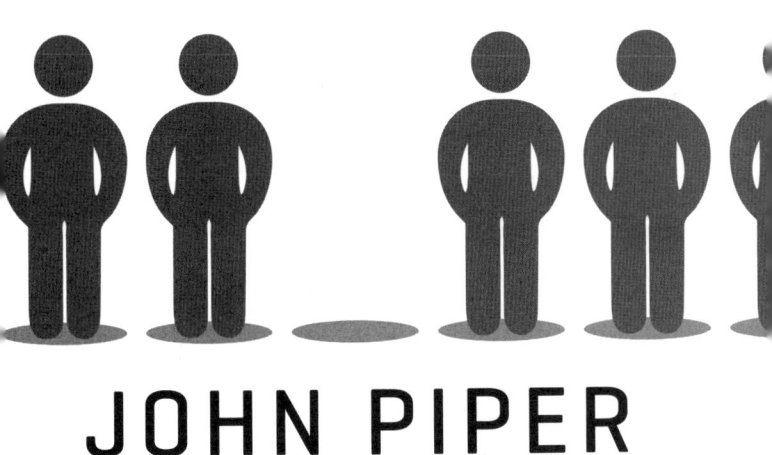

JOHN PIPER

P665d   Piper, John, 1946-
         Deus deseja que todos sejam salvos? / John Piper ; [traduzido por Francisco Wellington Ferreira]. – São José dos Campos, SP : Fiel, 2014.

         96 p. ; 12x16 cm.
         Traduzido de: Does God desire all to be saved?
         Inclui índice.
         ISBN 9788581321820

         1. Eleição (Teologia). 2. Salvação – Cristianismo. I. Título.

                                                        CDD: 232

Catalogação na publicação: Mariana C. de Melo – CRB07/6477

Deus deseja que todos sejam salvos?

Traduzido do original em inglês
Does God Desire All to Be Saved?, por John Piper

Copyright © 2013 by John Piper

∎

Publicado por Crossway Books,
Um ministério de publicações de
Good News Publishers
1300 Crescent Street Wheaton, Illinois
60187, USA.

Copyright©2014 Editora FIEL.
1ª Edição em Português 2014

Todos os direitos em língua portuguesa reservados por Editora Fiel da Missão Evangélica Literária
PROIBIDA A REPRODUÇÃO DESTE LIVRO POR QUAISQUER MEIOS, SEM A PERMISSÃO ESCRITA DOS EDITORES, SALVO EM BREVES CITAÇÕES, COM INDICAÇÃO DA FONTE.

∎

Diretor: Tiago J. Santos Filho
Editor: Tiago J. Santos Filho
Tradução: Francisco Wellington Ferreira
Revisão: Márcia Gomes
Diagramação: Rubner Durais
Capa: Rubner Durais
ISBN impresso: 978-85-8132-182-0
ISBN e-book: 978-85-8132-188-2

FIEL Editora
Caixa Postal, 1601
CEP 12230-971
São José dos Campos-SP
PABX.: (12) 3919-9999
www.editorafiel.com.br

SUMÁRIO

Introdução — 7

1 Meu alvo — 15

2 Ilustrações das duas vontades em Deus — 27

3 Quão extensiva é a vontade soberana de Deus? — 49

4 Faz sentido? — 59

INTRODUÇÃO

Quando alguém escala de terras baixas para topos de montanhas, frequentemente tem de passar por nuvens. Isso tem acontecido comigo, em toda a minha vida, à medida que tento obter melhores visões da glória de Deus.

Quando você entra em uma camada de nuvens, é bom ter um guia para ajudá-lo a permanecer longe dos precipícios e no caminho certo para o outro lado da obscuridade. Essa é uma maneira de ver este livro. Espero que ele sirva como um guia para o alto, por entre o nevoeiro e a confusão sobre a vontade eletiva e salvadora de Deus.

Admito que alguns dos caminhos neste livro são íngremes. E alguns dos lugares mais íngremes passam pelas nuvens mais densas. A escalada não é para todos. Todos possuímos dons diferentes, e nem todo cristão é chamado a esse tipo de escalada intelectual. Não estou dizendo que os não escaladores verão menos glória ou que adorarão com menos paixão. Há glórias nos vales. E há caminhos menos intelectuais para certas belezas de Deus. Não ouso afirmar que aqueles que fazem este tipo de escalada sempre veem ou experimentam mais glória do que aqueles que têm olhos mais abertos para a glória que está na campina.

No entanto, alguns de nós são programados para fazer isto. Não temos outra escolha. Não devemos nos vangloriar disto, assim como ninguém deve se vangloriar de não ser uma pessoa assim. Quase toda vez que abrimos nossa Bíblia, vemos desafios. Enigmas, mistérios, paradoxos. Vemos caminhos que nos atraem, mas parecem levar-nos em direções opostas. Seguimos em direção a estes caminhos como abelhas em direção às glórias da manhã.

Introdução

Portanto, se você é como eu, gostaria de convidá-lo a fazer uma escalada. Não estou afirmando que sou superior, mas, nesta montanha, talvez já tenha subido e descido vezes suficientes para oferecer alguma ajuda. Há nuvens. E talvez a jornada fique realmente escura até chegarmos ao outro lado, à claridade. Eu gostaria de ajudar, se puder.

Os caminhos que nos atraem nesta montanha são os caminhos da eleição e da vontade de Deus de que todas as pessoas sejam salvas. A eleição parece dizer que Deus tem um povo que lhe pertence e que ele cuida para que venham a Cristo e sejam salvos. Mas o outro caminho parece dizer que Deus ama todos, convida todos a virem a Cristo e quer que todos sejam salvos.

Sobre o caminho da eleição, Jesus disse: "Manifestei o teu nome aos homens que me deste do mundo. Eram teus, tu mos confiaste, e eles têm guardado a tua palavra" (Jo 17.6). E, noutra ocasião, ele disse: "Ninguém poderá vir a mim, se, pelo Pai, não lhe for concedido". Ou, como Deus afirma em Romanos 9.15-16: "Terei misericórdia de quem me aprouver ter misericórdia e compadecer-me-ei de quem me aprouver ter compaixão". E Paulo extraiu a inferência: "Assim, pois, não depende de quem quer ou de quem corre, mas de usar Deus a sua misericórdia".

No entanto, sobre o caminho do desejo de Deus quanto a todos, Jesus disse à cidade que estava para matá-lo: "Jerusalém, Jerusalém, que matas os profetas e apedrejas os que te foram enviados! Quantas vezes quis eu reunir teus filhos como a galinha ajunta os do seu próprio ninho debaixo das asas, e vós não o quisestes!" (Lc 13.34). E oferece um convite livre e gratuito a todo aquele que está sobrecarregado, sedento e perecendo: "Vinde a mim, todos os que estais cansados e sobrecarregados, e eu vos aliviarei" (Mt 11.28). "No último dia, o grande dia da festa, levantou-se Jesus e exclamou: Se alguém tem sede, venha a mim e beba" (Jo 7.37). "Porque Deus amou ao mundo de tal maneira que deu o seu Filho unigênito, para que todo o que nele crê não pereça, mas tenha a vida eterna" (Jo 3.16).

É um velho paradoxo. Não escalo esta montanha sozinho. Escaladores mais experimentados têm me ajudado ao longo do caminho. Eu os apresentarei à medida que prosseguimos.

O alvo da escalada não é satisfação intelectual. O alvo é adoração a Deus. Ele recebe mais honra quando o adoramos com base no que sabemos a seu respeito do que quando o adoramos com base no que não sabemos. Se nosso esforço de conhecer a Deus mais claramente não visa amá-lo com mais intensidade, esse esforço será fatal. "O saber ensoberbece, mas o amor edifica" (1Co 8.1). Isto significa que, em última análise, o único conhecimento digno é aquele que leva ao amor: amor a Deus e amor às pessoas.

Isto nos conduz a um segundo alvo desta escalada: missões e ministério. O alvo de conhecer é amar. Amar pessoas – todas as pessoas do mundo e todas as pessoas na vizinhança. Se ficarmos confusos quanto à eleição de Deus e aos convites universais de Deus para a salvação, não amaremos o mundo como devemos.

Estes são dias difíceis e perigosos em missões mundiais. Centenas de povos não alcançados que Jesus nos ordenou evangelizar pertencem a culturas e religiões que não querem que os alcancemos. Mas Jesus não disse: "Vão e façam discípulos onde vocês são queridos". Ele disse: "Eis que eu vos envio como cordeiros para o meio de lobos" (Lc 10.3). Sem uma convicção firme e clara sobre a vontade salvadora de Deus para estes povos, não teremos a determinação de alcançá-los.

E o mesmo é verdade quanto aos nossos vizinhos. Próximos e distantes. Há uma miséria suburbana que nenhum dinheiro pode curar. A ruína pode estar oculta, mas é real. Os ricos estão perecendo, e a maioria deles não quer que lhes digamos que não está tudo bem.

E, nos sempre crescentes centros urbanos pobres do mundo, o sofrimento, a miséria, a enfermidade, a disfunção, a desesperança e o ódio parecem ser resistentes a todo tipo de remédio. Mas os cristãos se inclinam para a necessidade e não para o conforto. Pelo menos, deveriam. O alvo deste livro é oferecer tal clareza sobre a vontade de Deus para nós mesmos e para os perdidos, que não vacilaremos em mover-nos em direção aos necessitados com o evangelho de Cristo.

Deus está nos enviando ao mundo – todos nós, de uma maneira ou de outra. Não pertencemos a nós mesmos. Fomos comprados por preço. Pertencemos a Cristo. Seu desígnio para o mundo é o nosso destino. Temos um tesouro inestimável para o mundo – o evangelho de Jesus Cristo. Não o merecemos, como eles não o merecem. O fato de que Deus nos escolheu para conhecê-lo e amá-lo nos torna devedores a cada pessoa. Se este livro for bem sucedido em ajudá-lo a atravessar as nuvens de confusão e chegar à luz da gloriosa vontade salvadora de Deus, a evidência será que você se dedicará como nunca antes a propagar estas boas novas:

Ah! Todos vós, os que tendes sede, vinde às águas; e vós, os que não tendes dinheiro, vinde, comprai e comei; sim, vinde e comprai, sem dinheiro e sem preço, vinho e leite (Isaías 55.1).

Em nome de Cristo, pois, rogamos que vos reconcilieis com Deus (2Coríntios 5.20).

CAPÍTULO 1

MEU ALVO

Meu alvo neste pequeno livro é mostrar, com base na Escritura, que a existência simultânea da vontade de Deus de que todas as pessoas sejam salvas e da sua vontade de escolher algumas pessoas para a salvação, incondicionalmente, antes da criação,[1] não é um sinal de esquizofrenia divina ou de confusão exegética. Um alvo

---

1 Mt 22.14; Jo 6.37, 44, 65; 8.47; 10.26-29; Rm 8.29-30; 9.6-23; 11.5-10; 1Co 1.26-30; Ef 1.4-5; 1Ts 1.4; 2Ts 2.13; Tg 2.5.

correspondente é mostrar que a eleição incondicional não contradiz expressões bíblicas da compaixão de Deus para todas as pessoas e não anula as ofertas sinceras de salvação a todos que estão perdidos, entre todos os povos do mundo.

OS TEXTOS QUE CAUSAM PERPLEXIDADE

Os textos de 1Timóteo 2.4, 2Pedro 3.9, Ezequiel 18.23 e Mateus 23.37 são os mais comumente citados para mostrar que a vontade de Deus é que todas as pessoas sejam salvas e que ninguém se perca.

- Em 1Timóteo 2.1-4, Paulo diz que a razão por que devemos orar pelos reis e por todos que se acham em altas posições é que isto pode produzir uma vida tranquila e mansa, o que "é bom e aceitável diante de Deus, nosso Salvador, o qual deseja que todos os homens sejam salvos e cheguem ao pleno conhecimento da verdade".
- Em 2Pedro 3.8-9, o apóstolo diz que a demora da segunda vinda de Cristo se deve ao fato de que, para o Senhor, um dia é como mil anos, e mil

anos, como um dia. "Não retarda o Senhor a sua promessa, como alguns a julgam demorada; pelo contrário, ele é longânimo para convosco, não querendo que nenhum pereça, senão que todos cheguem ao arrependimento."

- Em Ezequiel 18.23 e 32, o Senhor fala sobre o seu amor para com os que perecem: "Tenho eu prazer[2] na morte do perverso? - diz o SENHOR Deus; não desejo eu, antes, que ele se converta dos seus caminhos e viva?... Não tenho prazer na morte de ninguém, diz o SENHOR Deus. Portanto, convertei-vos e vivei."
- Em Mateus 23.37, Jesus disse: "Jerusalém, Jerusalém, que matas os profetas e apedrejas os que te foram enviados! Quantas vezes quis eu reunir os teus filhos, como a galinha ajunta os seus pintinhos debaixo das asas, e vós não o quisestes!"

---

2 O enfático emprego duplo do infinitivo absoluto com o verbo finito que significa "tenho prazer" é outra maneira de expressar o juramento feito em Ezequiel 33.11: "Tão certo como eu vivo, diz o SENHOR Deus, não tenho prazer na morte do perverso". A intensificação da negação "tenho prazer", por parte de Deus, tenciona enfatizar que ele quer dizer realmente o que está dizendo, e não que a ausência de toda forma possível de prazer é absoluta - como veremos depois neste livro.

É possível que a interpretação meticulosa de 1Timóteo 2.4 nos leve a crer que o desejo de Deus *de que todas as pessoas sejam salvas* não se refira a cada pessoa individual no mundo, mas, antes, a *todos* os tipos de pessoas, visto que "todos os homens", no versículo 1, pode muito bem significar grupos como "reis e todos os que se acham investidos de autoridade" (v. 2).[3] Também é possível que o "vós" em 2Pedro 3.9 ("Ele é longânimo para *convosco*, não querendo que nenhum pereça") se refira não a cada pessoa no mundo, mas a "vós" cristãos professos, entre os quais, como disse Adolf Schlatter, "estão pessoas que somente por meio do arrependimento podem obter a graça de Deus e a herança prometida".[4]

No entanto, o argumento em favor desta limitação da vontade universal salvadora de Deus nunca foi convin-

---

[3] John Gill, *The Cause of God and Truth* (London: W. H. Collingridge, 1855, orig. 1735-1738), pp. 49-52.
[4] Adolf Schlatter, *Die Briefe des Petrus, Judas, Jakobus, des Brief an die Hebraeer, Erläuterungen zum Neuen Testament*, Vol. 9 (Stuttgart: Calver Verlag, 1964), p. 126. Isto é especialmente verdadeiro em vista do versículo 15, que exorta os próprios leitores a terem "por salvação a longanimidade de nosso Senhor" e em vista do fato de que a demora da segunda vinda parece resultar não em mais indivíduos sendo salvos ao redor do mundo, e sim em mais indivíduos sendo perdidos quando o amor de muitos esfria (Mt 24.12).

cente para os arminianos.[5] E, para os nossos propósitos, este argumento não é decisivo, porque outros textos são mais convincentes. Ezequiel 18.23, 32; 33.11 e Mateus 23.37 apontam certamente para o desejo de Deus de que todas as pessoas sejam salvas. Portanto, como alguém que crê, de coração, na eleição individual e incondicional, também me alegro em afirmar que há um sentido real em que Deus não tem prazer em que o impenitente pereça, que ele desejou reunir todos os habitantes rebeldes de Jerusalém

---

[5] Os arminianos têm seu nome derivado de Jacob Arminius, que viveu de 1560 a 1609. Sua teologia é frequentemente contrastada com a teologia reformada (ou calvinismo) dentro do âmbito mais amplo do evangelicalismo. Como os reformados, os arminianos creem que a humanidade é caída e incapaz de salvar a si mesma. Deus tem de dar graça preveniente que nos torna capaz de crer. Mas, diferentemente dos reformados, os arminianos não creem que esta graça preveniente seja *decisiva* em produzir a salvação pessoal e que, em vez disso, os seres humanos têm o poder decisivo de autodeterminação; e isso é o que, por fim, decide quem é salvo e quem não é.

Outro distintivo doutrinário é resumido em *The Global Dictionary of Theology*: "Para Arminius, a predestinação, em vez de ser incondicionalmente fundada apenas na vontade de Deus, é condicional à fé de um indivíduo. Deus escolhe para a salvação aqueles que não resistem, mas aceitam, seu dom gracioso de fé e perseverança; Deus rejeita aqueles que se recusam obstinadamente receber seu dom de salvação". Assim, perseverar na fé até ao fim e ser salvo não é garantido. Os cristãos podem usar seu poder de autodeterminação para rejeitar a fé e perder sua salvação. K. D. Stanglin, "Arminianism", em *The Global Dictionary of Theology*, editado por William A. Dyrness e Veli-Matti Kärkkäinen (Downers Grove: Inter-Varsity Press, 2008), p. 61. Ver Roger E. Olson, *Arminian Theology* (Downers Grove: Inter-Varsity Press, 2006).

e que ele tem compaixão de todas as pessoas. Meu alvo é mostrar que isto não é discurso ambíguo.

Meu propósito não é defender a doutrina de que Deus escolhe incondicionalmente aqueles que ele salvará. Tentei fazer isso em outras obras,[6] e outros já o fizeram mais extensivamente do que eu mesmo.[7] Entretanto, tentarei formular um argumento plausível, no sentido de que, embora os textos citados antes possam realmente ser pilares para o amor universal de Deus e o seu desejo salvador universal, eles não são armas contra a eleição incondicional.

---

6 Ver, especialmente, *The Justification of God: an Exegetical and Theological Study of Romans 9.1-23* (Grand Rapids: Baker Book House, 1993); *The Pleasures of God: Meditations on God's Delight in Being God*, 3rd edition (Colorado Springs: Multnomah, 2012), pp. 33-59, 105-139; "How does a Sovereign God Love?", *Reformed Journal*, Vol. 33, Issue 4, April, 1983, pp. 9-13; "Universalism in Romans 9-11? Testing the Exegesis of Thomas Talbott", *Reformed Journal*, Vol. 33, Issue 7, July, 1983, pp 11-14.

7 Thomas Schreiner, "Does Romans 9 Teach Individual Election unto Salvation?", em Thomas Schreiner e Bruce Ware, editors, *Still Sovereign: Contemporary Perspectives on Election, Foreknowledge, and Grace* (Grand Rapids: Baker Books, 2000), pp. 89-106; Robert W. Yarborough, "Divine Election in the Gospel of John", em *Still Sovereign*, pp. 47-62; Donald J. Westblade, "Divine Election in the Pauline Literature", *Still Sovereign*, pp. 63-88; Samuel Storms, *Chosen for Life: The Case for Divine Election* (Wheaton: Crossway Books, 2007); R. C. Sproul, *Chosen by God: Knowing God's Perfect Plan for His Glory and His Children* (Carol Stream, Illinois: Tyndale House Publishers, 2010).

IDENTIFICANDO A MANEIRA DO QUERER DE DEUS

Afirmar a vontade de Deus de salvar *todos* e afirmar a eleição incondicional de alguns implica, pelo menos, que há duas "vontades" em Deus ou duas maneiras de querer. Significa que Deus decreta um estado de coisas, enquanto, também, deseja e ensina que um estado diferente de coisas deve acontecer. Esta distinção na maneira como Deus quer tem sido expressa de várias maneiras através dos séculos. Não é um artifício novo. Por exemplo, os teólogos têm falado de vontade soberana e vontade moral, vontade eficiente e vontade permissiva, vontade secreta e vontade revelada, vontade de decreto e vontade de preceito, vontade decretiva e vontade preceptiva, *voluntas signi* (vontade de sinal) e *voluntas beneplaciti* (vontade de bom prazer) etc.[8]

CRÍTICA ÀS DUAS VONTADES EM DEUS

Clark Pinnock se referiu com repúdio à "noção excessivamente paradoxal de duas vontades divinas concer-

---

8 Quanto à maneira como os teólogos reformados dos séculos XVI e XVII falaram sobre o relacionamento entre os decretos de Deus e a sua lei moral, ver Henrich Heppe, *Reformed Dogmatics* (Grand Rapids: Baker Book House, 1978, orig. 1860), pp. 143-149.

nentes à salvação".[9] No livro editado de Pinock, *A Case for Arminius* (Um Argumento em favor de Armínio), Randall Basinger argumenta que "se Deus decretou todos os eventos, então, as coisas *não podem* e *não devem* ser de alguma maneira diferentes do que elas são".[10] Em outras palavras, ele rejeita a noção de que Deus poderia decretar que uma coisa fosse de uma maneira e ensinar que deveríamos agir para fazê-la de outra maneira. Basinger diz que é muito difícil "conceber coerentemente um Deus em quem esta distinção realmente exista".[11]

Na mesma obra, Fritz Guy argumenta que a revelação de Deus em Cristo produziu uma "mudança de paradigma" na maneira como devemos pensar sobre o amor de Deus – ou seja, "mais fundamental do que – e anterior a – justiça e poder". Esta mudança, ele diz, torna possível pensarmos sobre a "vontade de Deus" como "deleitar-se mais do que decidir". A vontade de Deus não é seu propósito

---

[9] Clark Pinnock, *Grace Unlimited* (Minneapolis: Bethany Fellowship, Inc., 1975), p. 13.
[10] Randal l G. Basinger, "Exhaustive Divine Sovereignty: A Practical Critique", *A Case for Arminianism: The Grace of God, the Will of Man* (Grand Rapids: Zondervan Publishing House, 1989), p. 196. (Ênfase dele.)
[11] Randal G. Basinger, "Exhaustive Divine Sovereignty: A Practical Critique", p. 203.

soberano, que ele estabelece infalivelmente, e sim, antes, "o desejo do amante pelo amado". A vontade de Deus é sua intenção e anseio geral, não o seu propósito eficaz. O Dr. Guy prossegue e diz: "À parte de uma pressuposição de predestinação, torna-se evidente que a 'vontade' de Deus deve sempre ser entendida em termos de intenção e desejo [opostos a propósito soberano e eficaz]".[12]

Estas críticas não são novas. Há 250 anos, Jonathan Edwards escreveu:

> Os arminianos ridicularizam a distinção entre a vontade secreta e a vontade revelada de Deus ou, expressando de maneira mais apropriada, a distinção entre o decreto e a lei de Deus; porque dizemos que ele pode decretar uma coisa e ordenar outra. E, assim, eles argumentam, nós afirmamos uma contradição em Deus, como se uma de suas vontades contradisesse a outra.[13]

---

12 Fritz Guy, "The Universality of God's Love", em *A Case for Arminianism: The Grace of God, the Will of Man* (Grand Rapids: Zondervan Publishing House, 1989), p. 35.
13 Jonathan Edwards, "Concerning the Decrees in General, and election in Particular", *The Works of Jonathan Edwards*, Vol. 2 (Edinburgh: The Banner of Truth Trust, 1974), p. 526. E, é claro, a distinção teológica entre os dois tipos

NORTEADA POR TEXTOS E NÃO POR LÓGICA

No entanto, apesar destas críticas, a distinção permanece, não por causa de uma dedução ou necessidade lógica ou teológica, e sim porque ela é inescapável nas Escrituras. O mais cuidadoso exegeta, que escreveu em *Case for Arminianism*, de Clark Pinnock, admite a existência de duas vontades em Deus. I. Howard Marshall aplica seu dom exegético às Epístolas Pastorais. A respeito de 1Timóteo 2.4, ele disse:

> Para evitarmos todas as concepções erradas, deveríamos deixar claro que o fato de que Deus deseja que todas as pessoas sejam salvas não significa necessariamente que todos responderão ao evangelho e serão salvos. *Certamente, temos de distinguir entre o que Deus gostaria de ver acontecendo e o que ele quer realmente que aconteça, e ambas essas coisas podem ser referidas como vontade de Deus.* A pergunta em debate não é se todos serão salvos, mas se Deus, em Cristo, fez provisão

---

de querer em Deus é mais antiga. Na quarta parte de seu livro *The Cause of God and Truth* (ver nota 3), John Gill apresenta 100 páginas de colunas duplas com referências desde os primeiros pais (de Clemente a Jerônimo) a respeito deste e de outros distintivos "reformados".

para a salvação de todos, contanto que cressem, sem limitar o escopo potencial da morte de Cristo apenas àqueles que Deus sabia que creriam.[14]

Neste livro, gostaria de apoiar este ponto de Marshall: *"Certamente, temos de distinguir entre o que Deus gostaria de ver acontecendo e o que ele quer realmente que aconteça, e ambas essas coisas podem ser referidas como vontade de Deus"*. Talvez o modo mais eficiente de fazermos isto é começarmos por

---

14 I. Howard Marshall, "Universal Grace and Atonement in the Pastoral Epistles", *A Case for Arminianism: The Grace of God, The Will of Man* (Grand Rapids: Zondervan Publishing House, 1989), p. 56 (ênfase acrescentada). Uma das coisas que enfraquecem seriamente o argumento do artigo de Marshall é a omissão de qualquer discussão ou mesmo menção de 2Timóteo 2.24-26, que diz: "Ora, é necessário que o servo do Senhor não viva a contender, e sim deve ser brando para com todos, apto para instruir, paciente, disciplinando com mansidão os que se opõem, na expectativa de que *Deus lhes conceda não só o arrependimento para conhecerem plenamente a verdade*, mas também o retorno à sensatez, livrando-se eles dos laços do diabo, tendo sido feitos cativos por ele para cumprirem a sua vontade". Marshall pergunta se há algum texto das Epístolas Pastorais nos leva a crer que "a fé e o arrependimento são os dons de Deus, que os dá somente ao grupo dos eleitos previamente escolhidos" (p. 66). Ele conclui que não há nenhum texto, embora o texto que chega bem perto de afirmar tal coisa seja ignorado. O texto é ainda mais significativo porque a sua fraseologia é usada em 1Timóteo 2.4. Compare o desejo de Deus de que "todos os homens sejam salvos e cheguem ao pleno conhecimento da verdade" (1Tm 2.4) com o dom do "arrependimento", da parte de Deus, para pessoas "conhecerem plenamente a verdade" (2Tm 2.25). Estes dois textos talvez ensinem, sozinhos, que há "duas vontades" em Deus: a vontade de que todos sejam salvos e a vontade de dar o arrependimento a alguns.

focar a atenção na maneira como a Escritura retrata a Deus querendo, em um sentido, algo que ele desaprova em outro sentido. Em seguida, após notarmos algumas evidências bíblicas, podemos voltar e ponderar sobre como devemos entender isto em relação aos propósitos salvadores de Deus.

CAPÍTULO 2

ILUSTRAÇÕES DAS DUAS VONTADES EM DEUS

Neste capítulo, o propósito é apenas reunir ilustrações bíblicas das duas vontades de Deus. Quais são as passagens da Escritura que retratam a Deus como desejando algo que ele desaprova? Focalizaremos cinco exemplos bíblicos.

1. A MORTE DE CRISTO

O exemplo mais convincente de Deus querer que o pecado aconteça ao mesmo tempo em que o desaprova está no fato de querer a morte de seu Filho divino e perfeito. A traição de Jesus por Judas foi um ato moralmente mau, inspirado diretamente por Satanás (Lc 22.3). No entanto, em Atos 2.23, Lucas afirma: "Sendo este [Jesus] *entregue pelo determinado desígnio e presciência de Deus*, vós o matastes". A traição foi um pecado e envolveu a instrumentalidade de Satanás, mas era parte do plano ordenado de Deus. Ou seja, há um sentido em que Deus queria a entrega de seu Filho, embora esse ato fosse pecado.

Além disso, o desprezo de Herodes para com Jesus (Lc 23.11), o expediente covarde de Pilatos (Lc 23.24), o clamor dos judeus "Crucifica-o! Crucifica-o" (Lc 23.21) e o escárnio dos soldados gentios (Lc 23.36) foram, todas, obras e atitudes pecaminosas. Todavia, em Atos 4.27-28 Lucas expressa seu entendimento da soberania de Deus nestes atos, registrando a oração dos santos de Jerusalém: "Verdadeiramente se ajuntaram nesta cidade contra o teu santo Servo Jesus, ao qual ungiste, Herodes e Pôncio Pilatos, com gentios e gente de Israel, *para fazerem tudo o que a tua mão e o teu propósito predeterminaram.*"

Herodes, Pilatos, os soldados e a multidão de judeus se levantaram em rebeldia contra o Altíssimo, apenas para revelar que sua rebeldia foi, realmente, um serviço inconsciente (pecaminoso), realizado conforme os inescrutáveis desígnios de Deus.

A morte terrível de Cristo foi vontade e obra de Deus Pai. Isaías escreveu: "Nós o reputávamos por aflito, *ferido de Deus... ao SENHOR agradou moê-lo, fazendo-o enfermar*" (Is 53.4, 10). A vontade de Deus esteve bastante envolvida nos acontecimentos que levaram seu Filho à morte, na cruz. Deus julgou apropriado aperfeiçoar, "por meio de sofrimentos, o Autor da salvação deles" (Hb 2.10). Entretanto, como ressaltou Jonathan Edwards, os sofrimentos de Cristo "não poderiam acontecer senão por meio de pecado. Escárnio e desgraça eram coisas que ele deveria sofrer".[1]

É óbvio que Deus quer obediência à sua lei moral e que ele quer isto de uma maneira que pode ser rejeitada por muitos. Isto é evidente em inúmeros textos: "Nem todo o que me diz: Senhor, Senhor! entrará no reino dos céus, mas aquele que faz *a vontade de meu Pai*, que está nos céus" (Mt 7.21); "Porque qualquer que fizer *a vontade de meu Pai* celeste, esse é meu irmão, irmã e mãe" (Mt 12.50);

---

[1] Jonathan Edwards, "Concerning the Decrees in General, and Election in Particular", p. 534.

"Aquele, porém, que faz a vontade de Deus permanece eternamente" (1Jo 2.17). A "vontade de Deus", nestes textos, é a instrução moral revelada do Antigo e do Novo Testamento, que nos proíbe pecar.

Portanto, sabemos que *não* era a "vontade de Deus" que Judas, Herodes, Pilatos, os soldados gentios e a multidão de judeus desobedecessem à lei moral de Deus por pecarem, entregando Jesus para ser crucificado. Mas também sabemos que *era* a vontade de Deus que isto acontecesse. Por conseguinte, sabemos que Deus quer, em um sentido, o que ele não quer em outro. A afirmação de I. Howard Marshall é confirmada pela morte de Jesus: "Certamente, temos de distinguir entre o que Deus gostaria de ver acontecendo e o que ele quer realmente que aconteça".

2. A GUERRA CONTRA O CORDEIRO

Há duas razões por que nos voltamos agora a Apocalipse 16.16-17. Uma razão é que a guerra contra o Filho de Deus, que atinge seu clímax pecaminoso na cruz, chega à consumação final, confirmando o que temos visto sobre a vontade de Deus. A outra razão é que este texto revela o entendimento de João a respeito do envolvimento ativo de

Ilustrações das duas vontades em Deus

Deus em cumprir profecias, cuja realização envolve pecado. João teve uma visão de alguns eventos finais da história:

> Os dez chifres que viste e a besta, esses odiarão a meretriz, e a farão devastada e despojada, e lhe comerão as carnes, e a consumirão no fogo. Porque em seu coração incutiu Deus que realizem o seu pensamento, o executem à uma e deem à besta o reino que possuem, até que se cumpram as palavras de Deus (Ap 17.16-17).

Sem entrarmos em todos os detalhes desta passagem, o assunto relevante é claro. A besta emerge "do abismo" (Ap 17.8). Ela é a personificação do mal e de rebelião contra Deus. Os dez chifres são dez reis (v. 12), e eles pelejam "contra o Cordeiro" (v. 14).

Pelejar contra o Cordeiro é pecado; e pecado é contrário à vontade de Deus. No entanto, o anjo diz (literalmente): "Em seu coração [dos dez reis] incutiu Deus que *realizem o seu pensamento*, o executem à uma e deem à besta o reino que possuem, até que se cumpram as palavras de Deus" (v. 17). Portanto, Deus quis (em um sentido) influenciar o coração dos dez reis, para que façam o que é contra a sua vontade (em outro sentido).

Além disso, Deus fez isto em cumprimento de palavras proféticas. Os dez reis colaborarão com a besta "até que se cumpram as palavras de Deus" (v. 17). Isto denota algo crucial sobre o entendimento de João quanto ao cumprimento "das profecias que levam à destruição do Anticristo".[2] Denota (pelo menos no ponto de vista de João) que as profecias de Deus não são meras predições que Deus sabe que acontecerão, mas, pelo contrário, são intenções divinas que ele assegura que acontecerão. Sabemos disto porque o versículo 17 diz que Deus *está cuidando* para que os dez reis façam uma aliança com a besta "até que se cumpram as palavras de Deus". João está exultando, não pela maravilhosa presciência de Deus, que prediz um acontecimento mau; antes, está exultando pela maravilhosa soberania de Deus, que garante que o acontecimento mau se realize. Profecia cumprida, na mente de João, não é apenas predição, mas também realização divina prometida.

---

2 Robert H. Mounce, *The Book of Revelation* (Grand Rapids: William B. Eerdmans Publishing Company, 1977), p. 320. Mounce está seguindo Isbon Beckwith, *The Apocalypse of John* (Grand Rapids: Baker Book House, 1967, orig. 1919), p. 703.

Isto é importante porque João nos diz, em seu evangelho, que no Antigo Testamento havia profecias de acontecimentos relacionados à morte de Cristo, que envolviam pecado. Isto significa que Deus tencionava realizar acontecimentos que envolveriam coisas que ele proíbe. Estes acontecimentos incluíam a traição de Jesus por Judas (Jo 13.18; Sl 41.9); o ódio que Jesus enfrentou por parte de seus inimigos (Jo 15.25; Sl 69.4; 35.19), o lançar sortes quanto à túnica de Jesus (Jo 19.24; Sl 22.18) e o perfurar o lado de Jesus (Jo 19.36-37; Êx 12.46; Sl 34.20; Zc 12.10). João expressa sua teologia da soberania de Deus com as palavras "Isto aconteceu *para* se cumprir a Escritura". Em outras palavras, os eventos não foram uma coincidência que Deus apenas previu, mas um plano que Deus *propôs* realizar.[3] Assim, vemos novamente confirmadas as palavras de I. Howard Marshall: "Certamente, temos de distinguir entre o que Deus gostaria de ver acontecendo e o que ele quer realmente que aconteça".

---

[3] "Caracteristicamente, João viu um cumprimento das Escrituras nestes acontecimentos. O propósito de Deus tinha de ser cumprido... Note a importância do *hina*." Leon Morris, *The Gospel According to John* (Grand Rapids: Wm. B. Eerdmans Publishing Co., 1971), p. 822.

3. A OBRA DE ENDURECIMENTO
REALIZADA POR DEUS

Outra evidência que demonstra que Deus quer um estado de coisas que, em outro sentido, ele desaprova é o testemunho da Escritura de que Deus quer endurecer o coração de alguns homens, para que se tornem obstinados num comportamento pecaminoso que Deus desaprova.

O exemplo mais conhecido é o endurecimento do coração de Faraó.[4] Em Êxodo 8.1, o Senhor disse a Moisés: "Chega-te a Faraó e dize-lhe: Assim diz o SENHOR: Deixa ir o meu povo, para que me sirva". Em outras palavras, a ordem de Deus, ou seja, a sua *vontade*, era que Faraó deixasse os israelitas irem. No entanto, desde o começo, ele quis também que Faraó não deixasse os israelitas irem. Em Êxodo 4.21, Deus falou a Moisés: "Quando voltares ao Egito, vê que faças diante de Faraó todos os milagres que te hei posto na mão; mas *eu lhe endurecerei o coração, para que não deixe ir o povo*". Em um momento, o próprio Faraó

---

[4] Quanto a um estudo detalhado de textos que falam do endurecimento em Êxodo, ver John Piper, *The Justification of God*, pp. 139-162. Os textos relevantes são Êxodo 4.21; 7.3, 13, 14, 21, 22; 8.11, 15, 19, 28, 32; 9, 7, 12, 34, 35; 10.1, 20, 27; 11.10; 13.15; 14.4, 8, 17. Cf. também G. K. Beale, "An Exegetical and Theological Consideration of the Hardening of Pharaoh's Heart in Exodus 4-14 and Romans 9", *Trinity Journal 5* (1984), 129-154.

reconheceu que sua indisposição para deixar o povo ir era pecado: "Agora, pois, peço-vos que me perdoeis o pecado" (Êx 10.17). Portanto, o que vemos, foi que Deus ordenou que Faraó fizesse algo que o próprio Deus não queria permitir. A coisa boa que Deus ordenou, ele ao mesmo tempo impediu. E aquilo que Faraó realizou envolveu pecado.[5]

Alguns têm tentado evitar esta implicação ressaltando que durante as primeiras cinco pragas o texto não diz explicitamente que Deus endureceu o coração de Faraó, e sim que ele "se endureceu" (Êx 7.22; 8.19; 9.7) ou que o próprio Faraó endureceu seu coração (Êx 8.15, 32). Somente na sexta praga é dito explicitamente que "o SENHOR endureceu o coração de Faraó" (Êx 9.12; 10.20, 27; 11.10; 14.4). Por exemplo, R. T. Forster e V. P. Marston dizem que somente a partir da sexta praga em diante Deus deu a Faraó "força sobrenatural para continuar com seu mau caminho de rebelião".[6]

---

5 Isto é ilustrado também na maneira como o Senhor agiu para que os egípcios odiassem seu povo e, depois, agiu novamente para que os israelitas obtivessem favor da parte dos egípcios. Salmos 105.25: "Mudou-lhes [Deus] o coração para que odiassem o seu povo e usassem de astúcia para com os seus servos". "E o SENHOR fez que seu povo encontrasse favor da parte dos egípcios, de maneira que estes lhes davam o que pediam" (Êx 12.36).
6 R. T. Forster e V. P. Marston, *God's Strategy in Human History* (Wheaton: Tyn-

No entanto, esta observação não é bem sucedida em evitar a evidência das duas vontades em Deus. Mesmo que Forster e Marston estivessem corretos em afirmar que Deus não queria que o coração de Faraó se endurecesse durante as cinco primeiras pragas,[7] eles admitem que nas últimas cinco pragas Deus fez realmente isto, pelo menos no sentido de fortalecer o coração de Faraó para continuar no caminho de rebelião. Portanto, vemos que há um sentido em que Deus queria que Faraó prosseguisse em recusar-se a deixar o povo sair, e há um sentido em que ele fez com que Faraó libertasse o povo; porque Deus havia ordenado: "Deixa ir o meu povo". Isto ilustra por que os teólogos falam sobre a "vontade preceptiva" ("Deixa ir o meu povo") e a "vontade decretiva" (Deus "endureceu o coração de Faraó").

O Êxodo não é a única instância em que Deus agiu desta maneira. Quando o povo de Israel chegou à terra de

---

dale House, 1973), p. 73.

[7] Mas eles estão provavelmente errados quanto a isto. O argumento da voz passiva ("o coração de Faraó *foi endurecido*"), de que Deus não foi aquele que realizou o endurecimento, não funciona. O texto deixa implícito que *Deus* foi aquele que realizou o endurecimento, até quando a voz passiva foi usada. Sabemos isto porque o verbo passivo é seguido pela frase "como o Senhor tinha dito", que se refere a Êxodo 4.21 e 7.3, onde o Senhor prometera antecipadamente que endureceria o coração de Faraó.

Seom, rei de Hesbom, Moisés enviou mensageiros "com palavras de paz, dizendo: deixa-me passar pela tua terra; somente pela estrada irei" (Dt 2.26-27). Ainda que este pedido devesse ter levado Seom a tratar o povo de Deus com respeito, visto que Deus desejava que seu povo fosse abençoado e não atacado, "Seom, rei de Hesbom, não nos quis deixar passar por sua terra, *porquanto o Senhor, teu Deus, endurecera o seu espírito e fizera obstinado o seu coração*, para to dar nas mãos, como hoje se vê" (Dt 2.30). Em outras palavras, foi a vontade de Deus (em um sentido) que Seom agisse de uma maneira que era contrária (em outro sentido) à vontade de Deus – para que Israel fosse abençoado e não amaldiçoado.

De modo semelhante, a conquista das cidades de Canaã aconteceu por causa da vontade de Deus de que os reis da terra resistissem a Josué, e não fizessem paz com ele.

> Por muito tempo, Josué fez guerra contra todos estes reis. Não houve cidade que fizesse paz com os filhos de Israel, senão os heveus, moradores de Gibeão; por meio de guerra, as tomaram todas. *Porquanto do Senhor vinha o endurecimento do seu coração para saírem*

> *à guerra contra Israel, a fim de que fossem totalmente destruídos* e não lograssem piedade alguma; antes, fossem de todo destruídos, como o SENHOR tinha ordenado a Moisés (Js 11.18-20).

Em vista deste fato, é difícil imaginarmos o que Fritz Guy quis dizer quando falou que "a vontade de Deus" deve ser sempre considerada em termos de desejo e intenção amorosos[8] e não em termos de propósito de julgamento eficaz. O que parece mais claro é que, ao chegar o tempo do julgamento, Deus quer que os culpados façam coisas que são contra a sua vontade revelada, como amaldiçoar a Israel, em vez de abençoá-lo.

A obra de endurecimento realizada por Deus não se limitou aos não israelitas. De fato, ela tem um papel central na vida de Israel no período da história em que estamos agora. Em Romanos 11.7-9, Paulo fala sobre o fracasso de Israel em obter a justiça e salvação que desejava: "O que Israel busca, isso não conseguiu; mas a eleição o alcançou; e os mais foram endurecidos, como está escrito: Deus lhes deu espírito de entorpecimento, olhos para não ver e ouvi-

---

8 Ver nota 13 no capítulo 1.

dos para não ouvir, até ao dia de hoje". Embora houvesse uma ordem de Deus para que seu povo visse, ouvisse e respondesse com fé (Is 42.18), Deus também tinha suas razões para, às vezes, mandar um espírito de entorpecimento para que alguns não obedecessem à sua ordem.

Jesus expressou esta mesma verdade quando explicou que um dos propósitos de falar em parábolas aos judeus de seus dias era produzir esta cegueira e entorpecimento espiritual. Em Marcos 4.11-12, Jesus disse aos seus discípulos: "A vós outros vos é dado conhecer o mistério do reino de Deus; mas, aos de fora, tudo se ensina por meio de parábolas, *para que, vendo, vejam e não percebam; e, ouvindo, ouçam e não entendam*; para que não venham a converter-se, e haja perdão para eles". Aqui, novamente, Deus queria que prevalecesse uma condição que ele considerava digna de culpa. Deus queria que eles se convertessem e fossem perdoados (Mc 1.15), mas agiu restringindo o cumprimento desse querer.

Paulo retratou este endurecimento divino como parte de um plano abrangente, que envolve a salvação de judeus e de gentios. Em Romanos 11.25-26, ele disse aos seus leitores gentios: "Porque não quero, irmãos, que ignoreis este mistério (para que não sejais presumidos em vós mesmos): *que veio endurecimento em parte a Israel, até que haja entrado a plenitude dos gentios. E, assim, todo o Israel será salvo*". O fato de que o endurecimento tenha um fim designado – "até que haja entrado a plenitude dos gentios" – mostra que ele é parte do plano de Deus e não meramente um evento contingente fora do propósito divino. Apesar disso, Paulo expressou não somente o seu coração, mas também o de Deus, quando falou em Romanos 10.1: "A boa vontade do meu coração e a minha súplica a Deus a favor deles [Israel] são para que sejam salvos". Deus estendeu suas mãos a um povo rebelde (Rm 10.21), mas, por um tempo, ordenou um endurecimento que os relega à desobediência.

Este é o ensino de Paulo em Romanos 11.31-32. Ele falou, de novo, aos leitores gentios sobre a desobediência de Israel em rejeitar o seu Messias: "Assim também estes [Israel], agora, foram desobedientes, *para que*, igualmente, eles alcancem misericórdia, à vista da que vos [gentios] foi concedida". Quando Paulo disse que Israel foi desobediente "para que" os gentios pudessem receber os benefícios do evangelho, de quem era o propósito que ele tinha em mente? Só podia ser de Deus! Pois Israel não concebeu sua própria desobediência como um meio de abençoar os gentios ou de obter misericórdia para si mesmos. O ensino de Romanos 11.31 é que o endurecimento de Israel por parte de Deus não é um fim em si mesmo, e sim parte de um propósito salvífico, que envolve todas as nações. Mas, a curto prazo, temos de dizer que Deus quer uma condição (dureza de coração) contra a qual ele ordena que o povo se esforce ("Não endureçais o vosso coração" - Hb 3.8, 15; 4.7).

4. O DIREITO DE DEUS DE RESTRINGIR O MAL

Outra linha de evidência bíblica de que em alguns momentos Deus quer realizar algo que ele desaprova é sua atitude de escolher usar ou não seu direito de restringir o mal no coração humano.

Provérbios 21.1 diz: "Como ribeiros de águas assim é o coração do rei na mão do SENHOR; este, segundo o seu querer, o inclina". Uma ilustração deste direito divino sobre o coração do rei é apresentada em Gênesis 20. Abraão peregrinava em Gerar e dissera ao rei Abimeleque que Sara era sua irmã. Por isso, Abimeleque a tomou para fazer parte de seu harém. Mas isso desagradou a Deus, que o advertiu, em um sonho, de que ela era casada com Abraão. Abimeleque protestou a Deus afirmando que a tomara em sua sinceridade. E Deus lhe disse: "Bem sei que com sinceridade de coração fizeste isso; daí *o ter impedido eu de pecares contra mim e não te permiti que a tocasses*" (v. 6).

O que é evidente aqui é que Deus tem o direito e o poder de restringir o pecado de governantes seculares. Quando ele o faz, é sua vontade fazê-lo. E, quando ele não o faz, é sua vontade não fazê-lo. Isso significa que, às vezes Deus quer que os pecados deles sejam restringidos e, às vezes, que os pecados aumentem mais do que se ele os restringisse.[9]

O fato de que o Criador tem o direito e o poder de restringir as ações más de suas criaturas não é uma violação injusta na agência humana. Salmos 33.10-11 diz: "O Senhor frustra os desígnios das nações e anula os intentos dos povos. O conselho do Senhor dura para sempre; os desígnios do seu coração, por todas as gerações". Por vezes, Deus frustra a vontade dos governantes, fazendo que os planos deles falhem. Às vezes, Deus faz isso influenciando o coração deles, do modo como influenciou Abimeleque, mesmo sem que eles o saibam.

Mas há ocasiões em que Deus não usa este direito,

---

9 Outros exemplos de Deus incitando o coração de reis para fazer sua vontade incluem 1Crônicas 5.25-26 (= 2Reis 15.19) e 2Crônicas 36.22-23 (= Esdras 1.1-3).

porque tenciona que o mal humano siga o seu curso. Por exemplo, Deus tencionava matar os filhos de Eli. Por isso, quis que eles não dessem ouvidos ao conselho de seu pai:

> Era, porém, Eli já muito velho e ouvia tudo quanto seus filhos faziam a todo o Israel e de como se deitavam com as mulheres que serviam à porta da tenda da congregação. E disse-lhes: Por que fazeis tais coisas? Pois de todo este povo ouço constantemente falar do vosso mau procedimento. Não, filhos meus, porque não é boa fama esta que ouço; estais fazendo transgredir o povo do Senhor. Pecando o homem contra o próximo, Deus lhe será o árbitro; pecando, porém, contra o Senhor, quem intercederá por ele? Entretanto, não ouviram a voz de seu pai, porque o Senhor os queria matar (1Sm 2.22-25).

Por que estes filhos de Eli não ouviram o bom conselho de seu pai? A resposta do texto é "*porque* o Senhor os queria matar". Isto só faz sentido se o Senhor tivesse o direito e o poder de restringir a desobediência deles - um direito e poder que ele quis não usar. Portanto, podemos dizer que, em um sentido, Deus quis que os filhos de Eli continuassem fazendo o que ele não lhes ordenara: desonrarem seu pai e cometerem imoralidade sexual.

Além disso, a palavra traduzida por "queria" na frase "o SENHOR os *queria* matar" é a mesma palavra hebraica (*haphez*), usada em Ezequiel 18.23, 32 e 33.11, onde Deus afirma que não *tem prazer* na morte do perverso. A palavra significa desejo ou prazer. Deus (em um sentido) *desejou* matar os filhos de Eli, mas (em outro sentido) não *deseja* a morte do perverso. Esta é uma advertência séria para que não tomemos afirmações como Ezequiel 18.23 e, supondo que saibamos o seu significado exato, não deixemos que outra passagem da Escritura, como 1Samuel 2.25, fale. O resultado de colocarmos as duas passagens juntas é que, em um sentido Deus pode desejar a morte do perverso e, noutro sentido, pode não desejar.

Outra ilustração da escolha de Deus para não usar seu direito de restringir o mal se acha em Romanos 1.24-28. Três vezes Paulo disse que Deus *entrega* pessoas a se aprofundarem cada vez mais em corrupção. No versículo 24, lemos: "Deus entregou tais homens à imundícia, pelas concupiscências de seu próprio coração". No versículo 26, lemos: "Por causa disso, os entregou Deus a paixões infames". No versículo 28, lemos: "Por haverem desprezado o conhecimento de Deus, o próprio Deus os entregou a uma disposição mental reprovável".

Deus tem o direito e o poder de restringir este mal da maneira como fez com Abimeleque. Mas ele não quis fazer isso. Ao contrário, sua vontade neste caso era punir, e parte da punição de Deus para o mal pode ser o querer que o mal aumente. Mas isto significa que Deus escolhe que aconteça um comportamento a respeito do qual ele ordena que não aconteça. O fato de que o querer de Deus é punitivo não muda isso. E o fato de que é justificavelmente punitivo é um dos argumentos deste livro. Há outros exemplos que poderíamos apresentar,[10] mas passamos agora a uma linha de evidência diferente.

5. DEUS SE DELEITA NA PUNIÇÃO DO PERVERSO?

Já vimos que Deus "queria" (ou desejou) matar os filhos de Eli, e que a palavra traduzida por "querer" é a

---

10 Poderíamos oferecer outros exemplos que mostram Deus não restringindo o mal porque planejou usá-lo:
1) "Ordenara o SENHOR que fosse dissipado o bom conselho de Aitofel, para que o mal sobreviesse contra Absalão" (2Sm 17.14).

mesma usada em Ezequiel 18.23, onde Deus afirma que não "tem prazer" na morte do perverso. Outra ilustração deste querer complexo (ou desejo, ou ter prazer) se acha em Deuteronômio 28.63. Moisés advertiu a respeito do julgamento que viria sobre o Israel impenitente. O que ele disse é impressionantemente diferente (não contraditório, eu argumentaria) de Ezequiel 18.23: "Assim como o S‍ENHOR se alegrava em vós outros, em fazer-vos bem e multiplicar-vos,

---

2) Quando Roboão, o filho de Salomão, estava pensando em como governar o povo, levou em consideração a vontade do povo de que ele aliviasse o jugo que Salomão lhes impusera (1Rs 12.9). Consultou também os jovens e os idosos. Decidiu seguir o conselho dos jovens, que lhe sugeriram tornasse o jugo ainda mais pesado. Por que isto aconteceu? 1Reis 12.15 nos dá a resposta: "O rei, pois, não deu ouvidos ao povo; *porque este acontecimento vinha do S‍ENHOR, para confirmar a palavra que o S‍ENHOR* tinha dito por intermédio de Aías, o silonita, a Jeroboão, filho de Nebate". Isto é importante para mostrar de novo (como o fizemos com Apocalipse 17.17) que o cumprimento de profecia (1Rs 11.29-39) se dá por atividade do Senhor: "Este acontecimento vinha do S‍ENHOR". A profecia não é mero conhecimento do que acontecerá por si mesmo. A profecia é uma expressão do que Deus tenciona realizar no futuro.

3) Para desânimo de seu pai, Sansão insistiu em que tomaria uma esposa dentre as filhas dos filisteus. Seu pai o aconselhou contra tal insistência, assim como Eli tentou restringir o mal de seus filhos. Mas Sansão prevaleceu. Por quê? "Seu pai e sua mãe não sabiam que *isto vinha do S‍ENHOR*, pois este procurava ocasião contra os filisteus" (Jz 14.4).

4) Em Deuteronômio 29.2-4, Moisés explicou por que o povo não fora mais responsivo a Deus e por que seguira frequentemente seu próprio caminho: "Tendes visto tudo quanto o S‍ENHOR fez na terra do Egito... os sinais e grandes maravilhas; *porém o S‍ENHOR* não vos deu coração para entender, nem olhos para ver, nem ouvidos para ouvir".

da mesma sorte o Senhor se alegrará em vos fazer perecer e vos destruir" (Dt 28.63).

Neste versículo foi usada uma palavra ainda mais forte (*yasis*) para expressar a ideia de deleite, quando diz que Deus "se alegrará em vos fazer perecer e vos destruir". Assim, nos deparamos com o fato bíblico inevitável de que: em um sentido, Deus não tem prazer na morte do perverso (Ez 18) e, em outro sentido, ele tem (Dt 28.63; 1Sm 2.25).[11] À medida que prosseguimos em direção a uma resolução desta aparente contradição, vamos agora ponderar a extensão da soberania de Deus que está por trás da contradição.

---

11 Devemos também prestar atenção aos textos que retratam a Deus sorrindo ante a ruína dos desafiadores (Pv 1.24-26; Is 30.31; Ap 18.20).

CAPÍTULO 3

QUÃO EXTENSIVA É A VONTADE SOBERANA DE DEUS?

UMA AFIRMAÇÃO INSUSTENTÁVEL

Por trás deste relacionamento complexo de duas vontades em Deus, está a premissa bíblica fundamental de que Deus é realmente soberano, de uma maneira que o torna governante de todas as ações. R. T. Forster e V. P. Marston tentam superar a tensão entre a vontade de decreto de Deus e sua vontade de preceito, asseverando que não existe tal coisa como a soberana vontade de decreto de Deus: "Na Escritura, nada sugere que há algum tipo de vontade ou plano de Deus que é inviolável".[1] Esta é uma afirmação admirável. Sem reivindicarmos ser exaustivos, seria justo tocarmos brevemente em algumas passagens bíblicas que sugerem, de fato, "que há algum tipo de vontade ou plano de Deus que é inviolável".

SOBERANIA SOBRE AS CALAMIDADES

Há passagens bíblicas que atribuem a Deus o controle final sobre todas as calamidades e desastres produzidos pela natureza ou pelo homem. Em Amós 3.6, lemos: "Sucederá algum mal à cidade, sem que o SENHOR o tenha feito?" Em Lamentações 3.37-38, lemos: "Quem é aquele que diz, e assim acontece, quando o Senhor o não mande? Acaso, não procede do Altíssimo tanto o mal como o bem?" Nes-

---

[1] R. T. Forster e V. P. Marston, *God's Strategy in Human History*, p. 32. Lucas 7.30 é o texto favorito deles para demonstrar que a vontade de Deus para as pessoas é contingente e não eficaz: "Os fariseus e os intérpretes da Lei rejeitaram, quanto a si mesmos, o desígnio de Deus, não tendo sido batizados por ele". Todavia, a expressão "quanto a si mesmos", por causa de sua localização na ordem das palavras, muito provavelmente não modifica (como sugere a versão RSV, em inglês) "o desígnio de Deus". Em vez disso, ela talvez modifique "rejeitaram". Assim, Lucas estaria dizendo que o plano de salvação pregado por João Batista foi aceito por alguns e rejeitado por outros – "quanto a si mesmos". O texto não pode provar, de uma maneira ou de outra, que Deus tem, no que concerne a cada pessoa, um plano específico que pode ser frustrado com sucesso.

tas passagens, devemos notar que as calamidades em vista envolvem crueldades e hostilidades humanas que Deus desaprova, embora queira que elas existam.

AS DUAS MANEIRAS COMO PEDRO ENTENDIA A VONTADE DE DEUS

O apóstolo Pedro escreveu sobre o envolvimento de Deus nos sofrimentos de seu povo, os quais estavam sob a mão de seus opositores. Em sua primeira epístola, Pedro falou sobre a "vontade de Deus" em dois sentidos. Por um lado, a vontade de Deus devia ser seguida e vivenciada. "Porque assim é *a vontade de Deus*, que, pela prática do bem, façais emudecer a ignorância dos insensatos" (1Pe 2.15). "Para que, no tempo que vos resta na carne, já não vivais de acordo com as paixões dos homens, mas segundo *a vontade de Deus*" (4.2).

Por outro lado, a vontade de Deus não era sua instrução moral, e sim o estado de coisas que ele realizava soberanamente. "Porque, se for *da vontade de Deus*, é melhor que sofrais por praticardes o que é bom do que praticando o mal" (3.17). "Por isso, também os que sofrem segundo *a vontade de Deus* encomendem a sua alma ao fiel Criador, na prática do bem" (4.19).

E, neste contexto, o sofrimento que Pedro tinha em mente era o sofrimento que procedia de pessoas hostis e, por essa razão, era acompanhado de pecado.

"SE O SENHOR QUISER"

De fato, os santos do Novo Testamento pareciam viver sob a luz tranquila de uma soberania abrangente de Deus, em relação a todos os detalhes de sua vida e ministério. Paulo se expressou desta maneira com referência a seus planos de viagem. Ao deixar os santos de Éfeso, ele disse: "*Se Deus quiser, voltarei para vós outros*" (At 18.21). Aos santos de Corinto, ele escreveu: "Em breve, irei visitar-vos, *se o Senhor quiser*" (1Co 4.19). E, outra vez: "Porque não quero, agora, ver-vos apenas de passagem, pois espero permanecer convosco algum tempo, *se o Senhor o permitir*" (1Co 16.7).

O escritor da Epístola aos Hebreus disse que sua intenção era deixar para trás as coisas elementares e prosseguir em direção à maturidade. Então, ele parou e acrescentou: "Isso faremos, *se Deus permitir*" (Hb 6.3). Isto é admirável, pois é difícil imaginarmos alguém pensar que Deus não permitiria tal coisa, se tal pessoa não tivesse uma opinião elevada sobre as prerrogativas soberanas de Deus.

Quão extensiva é a vontade soberana de Deus?

Tiago advertiu contra o orgulho presunçoso em falarmos dos planos mais simples para a vida sem a devida submissão à abrangente soberania de Deus, e em ignorarmos que a nossa agenda pode ser interrompida pela decisão de Deus de tirar a vida que ele mesmo deu. Em vez de dizermos: "Amanhã faremos isto e aquilo", devemos dizer: "*Se o Senhor quiser*, não só viveremos, como também faremos isto ou aquilo"[2] (Tg 4.15). Assim, os santos de Cesareia, quando não puderam dissuadir Paulo de correr o risco de ir para Jerusalém, se aquietaram e disseram "Faça-se a vontade do Senhor" (At 21.14). Deus decidiria se Paulo seria morto ou não, como Tiago disse.

UM ENSINO VELHO

Este senso de viver nas mãos de Deus, até no que diz respeito aos detalhes da vida, não era novo para os primeiros

---

[2] Na obra de Pinnock, *A Case for Arminanism*, Randall Basinger argumenta que a crença na absoluta soberania de Deus é praticamente irrelevante na vida diária. De todas as coisas que poderiam ser ditas contra esta opinião, a mais importante parece ser que Tiago, escrevendo sob a inspiração de Deus, não compartilhava dessa opinião; antes, ele ensinou que viver a vida sem submissão consciente à soberania de Deus nos afazeres diários é equivalente a "pretensão arrogante" (Tg 4.16). Ver também Jerry Bridges, "Does Divine Sovereignty Make a Difference in Everyday Life", em *Still Sovereign*, pp. 295-306.

cristãos. Eles já o conheciam com base em toda a história de Israel, mas, especialmente, em sua literatura de sabedoria. "O coração do homem pode fazer planos, mas a resposta certa dos lábios vem do Senhor" (Pv 16.1). "O coração do homem traça o seu caminho, mas o Senhor lhe dirige os passos" (Pv 16.9). "Muitos propósitos há no coração do homem, mas o desígnio do Senhor permanecerá" (Pv 19.21). "A sorte se lança no regaço, mas do Senhor procede toda decisão" (Pv 16.33). "Eu sei, ó Senhor, que não cabe ao homem determinar o seu caminho, nem ao que caminha o dirigir os seus passos" (Jr 10.23). Jesus não teve nenhum conflito com este senso de viver nas mãos de Deus. Pelo contrário, ele intensificou a ideia com palavras como as de Mateus 10.29: "Não se vendem dois pardais por um asse? E nenhum deles cairá em terra sem o consentimento de vosso Pai".

OS PROFETAS ENTENDERAM O MUNDO DESTA MANEIRA

Esta confiança de que os detalhes da vida estavam sob controle de Deus, cada dia, estava arraigada em inúmeras expressões proféticas do irresistível e inalterável propósito soberano de Deus. "Lembrai-vos das coisas passadas da antiguidade: que eu sou Deus, e não há outro, eu sou Deus, e não há outro semelhante a mim; que desde o princípio anuncio o que há de acontecer e desde a antiguidade, as coisas que ainda não sucederam; que digo: *o meu conselho permanecerá de pé, farei toda a minha vontade*" (Is 46.9-10; cf. 43.13). "Todos os moradores da terra são por ele reputados em nada; *e, segundo a sua vontade, ele opera com o exército do céu e os moradores da terra; não há quem lhe possa deter a mão, nem lhe dizer: Que fazes?*" (Dn 4.35). "Bem sei que tudo podes, e *nenhum dos teus planos pode ser frustrado*" (Jó 42.2). "No céu está o nosso Deus e tudo faz como lhe agrada" (Sl 115.3).

A PRECIOSIDADE DA SOBERANIA DA NOVA ALIANÇA

Uma das implicações mais preciosas desta confiança na inviolável vontade soberana de Deus é que ela provê a base da esperança da "nova aliança" para a santidade, sem a qual ninguém verá o Senhor (Hb 12.14). Na antiga aliança, a lei foi escrita em pedra e trazia morte quando encontrava resistência da parte de corações não renovados. Mas a promessa da nova aliança é que Deus não deixará que os seus propósitos quanto a um povo santo sejam frustrados por causa da fraqueza da vontade humana. Em vez disso, ele promete fazer o que for necessário para nos tornar o que devemos ser. "O Senhor, teu Deus, circuncidará o teu coração e o coração de tua descendência, para amares o Senhor, teu Deus, de todo o coração e de toda a tua alma, para que vivas" (Dt 30.6). "Porei dentro de vós o meu Espírito e farei que andeis nos meus estatutos, guardeis os meus juízos e os observeis" (Ez 36.27). "Farei com eles aliança eterna, segundo a qual não deixarei de lhes fazer o bem; e porei o meu temor no seu coração, para que nunca se apartem de mim" (Jr 32.40). "Desenvolvei a vossa salvação com temor e tremor; *porque Deus é quem efetua em vós tanto o querer como o realizar, segundo a sua boa vontade*" (Fp 2.12-13).

A VONTADE DE DEUS COMO PADRÕES MORAIS E CONTROLE SOBERANO

Em vista de todas estas passagens, sou incapaz de compreender o que Forster e Marston pretendiam dizer com a afirmação "Na Escritura, nada sugere que há algum tipo de vontade ou plano de Deus que seja inviolável".[3]

---
3 Ver nota 2 no capítulo 3.

Quão extensiva é a vontade soberana de Deus?

Também não consigo entender como Fritz Guy pode dizer que a "vontade de Deus" é sempre um desejo ou intenção, mas não uma vontade soberana e eficaz.[4] Pelo contrário, as Escrituras nos levam a afirmar, repetidamente, que a vontade de Deus é, às vezes, referida como uma expressão de seus padrões morais para o comportamento humano e, às vezes, como uma expressão de seu controle soberano, até sobre atos que são contrários a esses padrões.

Isto significa que a distinção entre expressões como "vontade de decreto" e "vontade de preceito" ou "vontade soberana" e "vontade moral" não é uma distinção artificial exigida pela teologia reformada. As expressões são um esforço para descrever toda a revelação bíblica. São um esforço para dizer "sim" a tudo da Bíblia e não silenciar qualquer parte dela. São uma maneira de dizer "sim" à vontade salvadora e universal de Ezequiel 18.23 e Mateus 23.37 e "sim" à eleição individual e incondicional de Romanos 9.6-23.[5]

---

4 Ver nota 13 no capítulo 1.
5 O fato de que Romanos 9.23 lida realmente com indivíduos e destinos eternos e não apenas com grupos e papéis históricos é a tese de John Piper, *The Justification of God: An Exegetical and Theological Study of Romans 9.1-23*; e, pelo que sei, os argumentos ali apresentados não foram impugnados. Visto que este meu estudo teve apenas uma referência rápida feita por Clark Pinnock em *A Case for Arminianism: The Grace of God, the Will of Man*, parece claro que não foi dada

DEUS DESEJA QUE TODOS SEJAM SALVOS?

---

atenção aos argumentos que apresentei ali. Pinnock tem um interesse legítimo em que Romanos 9 seja interpretado com um conhecimento de Romanos 10 e 11 em vista. Ele diz: "Creio que, se Piper tivesse prosseguido além de Romanos 9, teria encontrado a sincera oração de Paulo a Deus para que os perdidos fossem salvos (10.1) e sua explicação de como alguém é realmente incluído ou excluído - pela fé ou pela falta de fé (11.20). Romanos 9 tem de ser entendido no contexto mais amplo de Romanos 9 a 11" (p. 29, nota 10). Certamente, eu não quero discordar que Romanos 9 tem de ser entendido em seu contexto. É por essa razão que, nas páginas 9-15 e 163-165, discuti os limites de meu foco em Romanos 9.1-23, dentro da estrutura de Romanos 9-11. Com respeito aos dois pontos específicos de Pinnock: é verdade que somos incluídos ou excluídos na salvação sob a condição de fé. Mas isso não explica como uma pessoa vem à fé e outra não. Tampouco o desejo do coração de Paulo e sua súplica a Deus em favor da salvação dos judeus, em Romanos 10.1, contradizem explicitamente a afirmação de que "veio [de Deus] endurecimento em parte a Israel, até que [Deus o remova depois] haja entrado a plenitude dos gentios [designados por Deus para a salvação]" (Rm 11.25). Ver também T. R. Schreiner, "Does Romans 9 Teach Individual Election Unto Salvation", *Still Sovereign*, pp. 89-106.

CAPÍTULO 4

FAZ SENTIDO?

Volto-me agora à tarefa de refletir sobre como estas duas vontades de Deus se harmonizam e fazem sentido – até onde uma criatura falível e finita pode lidar com esse desafio.

DEUS NÃO PECA EM QUERER
QUE O PECADO ACONTEÇA

A primeira coisa que devo afirmar, em vista de todos estes textos bíblicos, é que Deus não peca. "Santo, santo,

santo é o Senhor dos Exércitos; toda a terra está cheia da sua glória" (Is 6.3). "Deus não pode ser tentado pelo mal e ele mesmo a ninguém tenta" (Tg 1.13).¹ Por ordenar todas

---

1   Estou ciente de que Tiago 1.13-14 é um texto que alguns usam contra a minha posição. "Ninguém, ao ser tentado, diga: Sou tentado por Deus; porque Deus não pode ser tentado pelo mal e ele mesmo a ninguém tenta. Ao contrário, cada um é tentado pela sua própria cobiça, quando esta o atrai e seduz" (Tg 1.13-14). Não há nenhuma vantagem em esconder textos problemáticos uns dos outros. E não tenho o direito de ser seletivo, assim como os outros não podem negligenciar todos os textos que citei. Se não consigo harmonizar os textos, tento deixá-los como estão, até que alguém mais sábio do que eu possa harmonizá-los (ainda que eu tenha de esperar pelo esclarecimento final da parte de Deus, no céu). Meu esforço de entender Tiago 1.13, à luz de todos os exemplos do propósito de Deus de que ações pecaminosas aconteçam, me leva a dizer que "tenta" é definido no versículo 14 como "atrai" (*exelkomenos*) e "seduz" (*deleazomenos*). Em outras palavras, Tiago não está pensando em tentação no sentido de um objeto de desejo que é colocado diante de alguém (devemos observar que ele não atribui a "tentação" a Satanás, o arquitentador, e sim à nossa própria cobiça). Por exemplo, a tentação não é a pornografia em exibição, conforme a maneira de pensar de Tiago nesta passagem; antes, a tentação é a atração sedutora da alma que faz a pessoa querer olhar a pornografia. Tiago está pensando na tentação como o engajamento das emoções em desejos fortes para o mal. Ele designa isto de estado "de concepção" (*sylllabousa*) da tentação, antes do "nascimento" (*tiktei*) do ato de pecado (v. 15). Portanto, parece-me que Tiago está dizendo que Deus nem mesmo experimenta esse tipo de ser "atraído e seduzido". E ele mesmo não produz diretamente (ver nota 8, capítulo 4) esse "atrair e seduzir" em direção ao mal nos humanos. De alguma maneira (que não podemos compreender totalmente), Deus é capaz de cuidar, sem ser culpado de "tentar", para que uma pessoa faça o que ele lhe ordena fazer, ainda que isso envolva o mal. No entanto, Tiago não está dizendo que Deus não pode ter seduções objetivas para o mal colocadas diante de si, nem que, às vezes, ele mesmo não dispõe os eventos de modo que tais seduções se coloquem diante de nós, o que pode nos levar, por meio da atração de nossos próprios desejos, ao pecado (que Deus sabia e, em um sentido, desejava). De fato,

as coisas, incluindo os atos pecaminosos, Deus não está pecando. Como disse Jonathan Edwards: "Não é uma contradição supor que um ato possa ser mau e que, apesar disso, seja uma coisa boa que tal ato aconteça... Como, por exemplo, crucificar a Cristo foi uma coisa má, porém também foi uma coisa boa que a crucificação de Cristo tenha acontecido".[2] Em outras palavras, as Escrituras nos levam ao discernimento de que Deus pode querer que um ato pecaminoso aconteça, sem desejá-lo, em si mesmo, como um ato de pecado.

Edwards ressalta que os arminianos, pelo que parece, têm de chegar a uma conclusão semelhante.

> Todos devem reconhecer que, às vezes, Deus não quer impedir a quebra de seus próprios mandamentos, porque, na realidade, ele não o impede... Mas você

---

a Bíblia revela que Deus testa (no grego, a mesma palavra traduzida por "tentar") frequentemente o seu povo (cf. Hb 11.17), dispondo suas circunstâncias de modo que se deparem com atos perigosos de obediência, os quais eles podem temer pecaminosamente ou com prazeres pecaminosos que podem cobiçar. Em última análise, estou dizendo que Deus é capaz de ordenar os eventos, se fazer isso lhe parecer sábio e bom, de modo que o pecado aconteça; mas ele faz isso sem "tentar" aqueles que pecam, como diz Tiago.

2 Jonathan Edwards, "Concerning the Decrees in General, and Election in Particular", p. 529.

dirá: Deus quer permitir o pecado, porque ele quer que a criatura seja deixada à sua liberdade; e, se Deus impedisse isso, violentaria a natureza de sua própria criatura. Eu respondo: isto é exatamente o que estou dizendo. Você diz: Deus não quer o pecado em si mesmo; mas, quer o pecado em vez de alterar a lei da natureza e a natureza de agentes livres, Deus o quer. Ele quer o que é contrário à excelência em alguns particulares, por causa de uma excelência e ordem mais geral. Portanto, o esquema dos arminianos não ajuda a solucionar a questão.[3]

O QUE IMPEDE DEUS DE SALVAR QUEM ELE DESEJA SALVAR?

Isto me parece correto e pode ser ilustrado, de novo, ao refletirmos sobre 1Timóteo 2.4. Paulo disse que Deus "deseja que todos os homens sejam salvos e cheguem ao pleno conhecimento da verdade". O que devemos dizer a respeito do fato de que Deus deseja algo que não acontece na realidade. Conforme entendo, há duas possibilidades.

---

[3] Jonathan Edwards, "Concerning the Decrees in General, and Election in Particular", p. 528.

Uma é que há um poder no universo que é maior do que o poder de Deus e que o está frustrando, subvertendo o que ele deseja. Nem os reformados, nem os arminianos afirmam isto.

A outra possibilidade é que Deus não quer salvar todos, embora deseje que todos sejam salvos, porque há algo que ele quer ou deseja mais, algo que seria perdido se ele exercesse seu poder soberano para salvar todos. Esta é a solução que eu, como reformado, afirmo, juntamente com os arminianos. Em outras palavras, tanto os reformados como os arminianos afirmam as duas vontades em Deus quando meditam profundamente em 1Timóteo 2.4 (como vimos no caso de I. Howard Marshall). Ambos podem dizer que Deus quer que todos sejam salvos. E, quando indagados *por que* todos não são salvos, tanto reformados como arminianos respondem o mesmo: porque Deus está comprometido com algo muito mais valioso do que salvar todos.

A diferença entre os reformados e os arminianos não está em se há duas vontades em Deus, e sim no que eles dizem sobre este compromisso mais elevado. O que Deus quer mais do que salvar todos? A resposta dada pelos arminianos é que a autodeterminação humana e o possível resultado de relacionamento de amor com Deus são mais valiosos do que salvar todas as pessoas por graça soberana e eficaz. A resposta dada pelos reformados é que a coisa mais elevada é a manifestação de todo o âmbito da glória de Deus, em ira e misericórdia (Rm 9.22-23), e a humilhação do homem, de modo que ele tenha prazer em dar a Deus todo o crédito por sua salvação (1Co 1.29).

ESTE TEXTO CONTROVERSO
NÃO RESOLVE A QUESTÃO

É crucial observarmos isto, porque implica que 1Timóteo 2.4 não soluciona a momentosa questão do compromisso mais elevado de Deus, que o impede de salvar todos. Nesta passagem, não há nenhuma menção de livre-arbítrio humano frustrando a vontade de Deus.[4] Também não há menção da graça preveniente, soberana e eficaz, como a

---

4 De fato, 2Timóteo 2.24-26 ensina que a autodeterminação não é o fator decisivo em alguém arrepender-se e chegar ao conhecimento da verdade (Ver nota 1, capítulo 2). "Ora, é necessário que o servo do Senhor não viva a contender, e sim deve ser brando para com todos, apto para instruir, paciente, disciplinando com mansidão os que se opõem, na expectativa de que *Deus lhes conceda não só o arrependimento* para conhecerem plenamente a verdade, mas também o retorno à sensatez, livrando-se eles dos laços do diabo, tendo sido feitos cativos por ele para cumprirem a sua vontade" (2Tm 2.24-26).

força que pode determinar que alguns sejam salvos e outros não. O texto permanece em silêncio quanto a estas duas explicações possíveis da razão pela qual nem todos são salvos. Se tudo que tivéssemos fosse apenas este texto, poderíamos imaginar o que impede Deus de salvar todos. Quando algumas pessoas dizem que há livre-arbítrio em 1Timóteo 2.4, isto se deve a uma pressuposição filosófica e não a uma conclusão exegética.

O QUE É LIVRE-ARBÍTRIO?

Antes de mencionar qual é essa pressuposição, quero oferecer uma definição clara do que pretendo dizer com "livre-arbítrio". A definição de "livre-arbítrio" que acho ser a mais proveitosa nos debates teológicos é "autodeterminação suprema (ou decisiva) do homem". Por "suprema" ou "decisiva", quero dizer que, independentemente das influências que possam levar a uma decisão, a influência que estabelece a escolha é o ego humano. A maioria dos arminianos e teístas abertos[5] aceitarão esta definição, contanto

---

[5] Os teístas abertos levam a lógica do arminianismo mais longe do que os arminianos históricos teriam se mostrado dispostos a levá-la. Eles argumentam que, para a vontade humana ser verdadeiramente livre, ela não pode ser conhecida de antemão, nem mesmo por Deus. Porque, se Deus sabe algo de antemão com

que eu deixe claro que a autodeterminação é um dom de Deus. "Uma vez que Deus dá o dom de autodeterminação, ele *tem* de, dentro dos limites, suportar o seu mau uso... A *genuinidade* do dom de autodeterminação depende de sua *irrevogabilidade*."[6]

INFERINDO UMA PRESSUPOSIÇÃO FILOSÓFICA DE 1TIMÓTEO 2.4

Disse antes que algumas pessoas inferem de 1Timóteo 2.4 ("O qual deseja que todos os homens sejam salvos") a necessidade do livre-arbítrio, como explicação de por que todos não são salvos. Disse que isto não se deve a qualquer coisa no texto e sim a uma pressuposição filosófica trazida ao texto. A pressuposição é que, se Deus quer, em um sentido, que todos sejam salvos, então ele não pode, em outro sentido, querer que somente alguns sejam salvos.

Na verdade, se levarmos em conta o contexto mais amplo das Epístolas Pastorais, veremos que esse contexto

---

certeza, isso tem necessariamente de acontecer. Mas, se um ato é necessário, não pode ser livre. Portanto, os teístas abertos negam a presciência exaustiva de Deus. Ver Greg Boyd, *God of the Possible: A Biblical Introduction to the Open View of God* (Grand Rapids: Baker Books, 2000).

6 Greg Boyd, *Satan and the Problem of Evil: Constructing A Trinitarian Warfare Theodicy* (Downers Grove: Inter-Varsity Press, 2001), pp. 181-182.

aponta para uma solução diferente do livre-arbítrio. Paulo usou a linguagem de 1Timóteo 2.4 novamente em 2Timóteo 2.24-26:

> Ora, é necessário que o servo do Senhor não viva a contender, e sim deve ser brando para com todos, apto para instruir, paciente, disciplinando com mansidão os que se opõem, na expectativa de que *Deus lhes conceda não só o arrependimento* para *conhecerem plenamente a verdade*, mas também o retorno à sensatez, livrando-se eles dos laços do diabo, tendo sido feitos cativos por ele para cumprirem a sua vontade.

Tentei mostrar antes[7] que nesta passagem Paulo explica por que alguns não chegam ao "conhecimento da verdade". A reposta decisiva e crucial é que Deus mesmo pode dar ou não "o arrependimento para conhecerem plenamente a verdade".

Portanto, a pressuposição que parece exigir o livre-arbítrio como uma explicação de por que nem todos são salvos, apesar da afirmação de 1Timóteo 2.4, não está no tex-

---

7 Ver nota 1, capítulo 2

to, nem é exigida pela lógica, nem está em harmonia com o contexto mais amplo das Epístolas Pastorais, nem é ensinada no restante da Escritura. Por conseguinte, 1Timóteo 2.4 não resolve a questão. Tanto pensadores arminianos como reformados têm de examinar outras passagens para responder se a preservação da autodeterminação humana (livre-arbítrio) ou a manifestação da glória da soberania divina é o que restringe a vontade de Deus de salvar todas as pessoas.

OS MELHORES PENSADORES NÃO SIMPLIFICAM DEMAIS

Os pensadores reformados que eu mais admiro nunca reivindicaram ter soluções simples e fáceis para as complexas tensões bíblicas. Quando o escrito deles é difícil, isso acontece porque as Escrituras são difíceis (como o apóstolo Pedro admitiu que elas são às vezes - 2Pe 3.16). Estes pastores e teólogos reformados estão lutando para serem fiéis a diversos (mas não contraditórios) textos das Escrituras. Tanto reformados quanto arminianos sentem, às vezes, que o escárnio dirigido contra suas exposições complexas é, de fato, escárnio dirigido contra a complexidade das Escrituras.

Por exemplo, acho que o esforço de Stephen Charnock (1628-1680), um capelão de Henry Cromwell e um pastor não conformista em Londres, é equilibrada e proveitosa em harmonizar diferentes passagens bíblicas que se referem à vontade de Deus. Antes de eu citá-lo, considere comigo algo que ele escreveu em relação a Deus proibir que alguém faça o mal e, ao mesmo tempo, querer que o mal aconteça. Charnock se referiu à noção de que Deus quer coisas *diretamente* ou não. Ou seja, às vezes Deus quer que algum mal aconteça por meio de causas secundárias.

É BÍBLICO PENSARMOS EM CAUSAS SECUNDÁRIAS?

Os arminianos menosprezam os apelos dos reformados a "causas secundárias" entre a vontade soberana de Deus e o efeito imediato de um ato pecaminoso.[8] Mas esta ideia de causas intermediárias, diferente do causar final de Deus, não é introduzida por causa de uma necessidade teológica, mas porque muitas passagens das Escrituras a exi-

---

8 Por exemplo, John Cottrell, "The Nature of Divine Sovereignty", *A Case for Arminianism: The Grace of God, the Will of Man* (Grand Rapids: Zondervan Publishing House, 1989), pp. 100-102.

gem. Por exemplo, Deus enviou um "espírito de aversão" entre Abimeleque e os homens de Siquém para realizar a sua vontade (Jz 9.22-23); Satanás levou Judas a fazer (Lc 22.3) o que Atos 2.23 descreve como uma realização de Deus; Paulo diz que Satanás cega a mente dos incrédulos (2Co 4.4), mas também diz que Deus envia um espírito de cegueira e estupor (Rm 11.8-10); Satanás incitou Davi a realizar um censo (1Cr 21.1) que se tornou em pecado, mas, apesar disso, está escrito que Deus foi, em um sentido, a causa por trás de Satanás (2Sm 24.1); Satanás recebeu permissão de Deus para atormentar Jó (Jó 1.12; 2.6), mas, quando Satanás tirou a família de Jó e lhe trouxe enfermidade, Jó disse: "O SENHOR o tomou" (Jó 1.21) e: "Temos recebido o bem de Deus e não receberíamos também o mal?" (2.10) - ao que o escritor responde: "Em tudo isto não pecou Jó com os seus lábios" (1.22; 2.10). Passagens como estas tornam biblicamente corretas as reflexões de Teodoro Beza (em 1582):

> Nada acontece... sem o decreto justo de Deus, embora Deus não seja o autor de ou compartilhe, de alguma maneira, de qualquer pecado. Tanto o seu poder quanto

a sua bondade são tão grandes e tão incompreensíveis, que às vezes, quando ele usa o Diabo ou os ímpios na realização de alguma obra, os quais depois ele pune, é ele mesmo quem, apesar disso, realiza muito bem e com justiça a sua obra santa. Estas coisas não impedem, mas, em vez disso, estabelecem causas secundárias e intermediárias, pelas quais todas as coisas acontecem. Quando, desde a eternidade, Deus decretou o que aconteceria em momentos definidos, ele decretou, ao mesmo tempo, a maneira e o meio pelo qual desejava que tal coisa acontecesse; em tal extensão que, embora alguma falha seja achada numa causa secundária, isso não significa nenhum erro ou falha no conselho eterno de Deus.[9]

STEPHEN CHARNOCK E JONATHAN EDWARDS

Agora, volto ao meu argumento de que pensadores rigorosamente reformados e arminianos compreendem que, às vezes, a complexidade de nossas soluções teológicas se deve à complexidade dos textos bíblicos. Portanto, tenho um alto nível de respeito pelos esforços daqueles que,

---

9 Heinrich Heppe, *Reformed Dogmatics* (Grand Rapids: Baker Book House, 1978, orig. 1860), pp. 143-144.

como Stephen Charnock e Jonathan Edwards, nos ajudam a harmonizar as diferentes passagens bíblicas sobre a vontade de Deus. Charnock escreveu:

> Deus não quer [o pecado] diretamente e por vontade eficaz. Ele não o quer diretamente porque o proíbe por meio de sua lei, que é uma revelação de sua vontade. Se ele quer diretamente o pecado, mas o proíbe diretamente em sua lei, ele quer o bem e o mal da mesma maneira e, assim, há contradições na vontade de Deus: querer absolutamente o pecado é realizá-lo (Sl 115.3) - Deus faz tudo que "lhe agrada". Ele não pode querer absolutamente o pecado, porque não pode realizá-lo. Deus quer o bem por um decreto positivo, porque decretou realizá-lo. Ele quer o mal por um decreto privado, porque decretou não dar aquela graça que certamente impediria o mal. Deus não quer o pecado, porque isto seria aprovar o pecado, mas ele o quer para atingir aquele bem que a sua sabedoria produzirá a partir do pecado. Ele não quer o pecado pelo pecado, mas por causa do evento.[10]

---

10 Stephen Charnock, *Discourses upon the Existence and Attributes of God* (Grand

Do mesmo modo, Jonathan Edwards, escrevendo 80 anos depois, chegou a conclusões semelhantes, com terminologia diferente.

> Quando se faz uma distinção entre a vontade revelada de Deus e sua vontade secreta ou sua vontade de preceito e decreto, "vontade" é, certamente, nessa distinção, entendida em dois sentidos. A vontade de decreto de Deus não é a sua vontade no mesmo sentido de sua vontade de preceito. Portanto, não é difícil supor que uma pode ser diferente da outra: a sua vontade em ambos os sentidos é a sua inclinação. Mas, quando dizemos que Deus quer a virtude, ou que ele ama a virtude, ou que ele quer a felicidade de sua criatura, temos em mente a virtude ou a felicidade da criatura, considerada absoluta e simplesmente, que é harmonizável com a inclinação de sua natureza. A vontade de decreto de Deus é a sua inclinação para uma coisa, não para essa coisa absoluta e simplesmente, mas com respeito à universalidade das coisas que eram, são e serão. Portanto,

---

Rapids: Baker Book House, 1979), p. 148.

embora Deus odeie uma coisa como ela é simplesmente, ele pode se inclinar para ela com referência à universalidade das coisas. Embora odeie o pecado em si mesmo, Deus pode querer permiti-lo, tendo em vista uma promoção maior de santidade nesta universalidade, incluindo todas as coisas e em todos os tempos. Portanto, embora ele não tenha nenhuma inclinação para a miséria da criatura, considerada absolutamente, ele pode querê-la, para a promoção maior da felicidade nesta universalidade.[11]

DEUS VÊ O MUNDO POR DUAS LENTES

Expressando-o em minhas próprias palavras, Edwards disse que a complexidade infinita da mente divina é tal, que Deus tem a capacidade de olhar para o mundo por dois tipos de lentes. Pode olhá-lo por lentes normais ou por lentes grande-angulares. Quando Deus olha para um acontecimento doloroso ou ímpio pelas lentes normais, vê a tragédia ou o pecado pelo que ele é em si mesmo e fica irado e entristecido. "Não tenho prazer na morte de ninguém, diz o SENHOR Deus" (Ez 18.32). "Não saia da vossa

---
11 Jonathan Edwards, "Concerning the Divine Decrees", pp. 527-528.

boca nenhuma palavra torpe... E não entristeçais o Espírito de Deus" (Ef 4.29-30).

Quando Deus olha para um acontecimento doloroso ou ímpio por lentes grande-angulares, vê a tragédia ou o pecado em relação a tudo que o causa e a tudo que dele resulta. Deus o vê em todas as conexões e efeitos, formando um padrão ou um mosaico que se estende para a eternidade. Deus se deleita neste mosaico (Sl 115.3), com todas as suas partes (boas ou más). Ou, de novo, como Edwards disse: "Embora Deus odeie uma coisa como ela é simplesmente, ele pode se inclinar para ela com referência à universalidade das coisas".

A INCOMPREENSÍVEL COMPLEXIDADE DA VIDA EMOCIONAL DE DEUS

A vida emocional de Deus é infinitamente complexa, além de nossa capacidade de compreendê-la totalmente. Por exemplo, quem pode compreender que o Senhor, num único momento de tempo, ouve as orações de milhões de cristãos ao redor do mundo e simpatiza pessoal e individualmente com cada um (como diz Hebreus 4.15), embora entre esses milhões de cristãos que oram alguns estejam entristecidos de coração e outros explodindo de alegria? Como Deus pode chorar com os que choram e se alegrar com os que se alegram, quando ambos vêm a ele ao mesmo tempo – de fato, sempre vêm a ele, sem qualquer interrupção?

Ou quem pode compreender que Deus se ire com o pecado do mundo todo dia (Sl 7.11)? E que a cada dia e a cada momento ele se regozije com alegria tremenda porque em algum lugar no mundo um pecador se arrependeu (Lc 15.7, 10, 23)? Quem pode compreender que Deus arda continuamente, com ira intensa, ante a rebeldia dos ímpios, se entristeça com a linguagem torpe de seu povo (Ef 4.30), mas tenha prazer neles cada dia (Sl 149.4) e se alegre incessantemente por pródigos arrependidos que voltam ao lar?

Qual de nós pode dizer que complexo de emoções não é possível para Deus? Tudo que temos de afirmar aqui é o que ele escolheu nos dizer na Bíblia. E o que Deus nos disse é que há um sentido em que ele não tem prazer no julgamento do ímpio e há um sentido em que ele tem. Há um sentido em que Deus deseja que todos sejam salvos e um sentido em que ele não deseja.

A SABEDORIA DE DEUS É O CONSELHEIRO MAIS EXCELENTE

Portanto, não devemos tropeçar no fato de que Deus tem e não tem prazer na morte do ímpio. Quando Moisés advertiu Israel de que o Senhor se deleitaria em lhes trazer ruína e destruí-los, se não se arrependessem (Dt 28.63), queria dizer que aqueles que se rebelassem contra o senhor Deus e continuassem sem arrependimento não exultariam em infelicitarem o Todo-Poderoso. Deus não é derrotado nos triunfos de seu julgamento justo. Muito pelo contrário. Moisés disse que, ao serem eles julgados, proveriam inconscientemente uma ocasião em que Deus se regozijaria na demonstração de sua justiça. Esta é também a resposta de Paulo. Na demonstração de sua ira, Deus manifesta seu poder e a dignidade infinita de sua glória (Rm 9.22-23) – que é o que ele quer fazer.[12]

Quando Deus tomou conselho consigo mesmo quanto a se deveria salvar todas as pessoas, consultou não somen-

---

[12] Esta foi a maneira como Jonathan Edwards lidou com o problema de como Deus e os santos no céu serão felizes por toda a eternidade, embora saibam que milhões de pessoas estão sofrendo no inferno para sempre. O fato não é que o sofrimento e a infelicidade, em si mesmos, são prazerosos para Deus e os santos, e sim que a vindicação da infinita santidade de Deus é profundamente estimada. Ver John Gerstner, *Jonathan Edwards on Heaven and Hell* (Grand Rapids: Baker Book house, 1980), pp. 33-38.

te a verdade do que via quando olhava pelas lentes fixas, mas também a verdade mais ampla do que via pelas lentes de aumento de toda a sua sabedoria onisciente. O resultado desta consulta com sua própria sabedoria infinita foi que Deus julgou sábio e bom eleger incondicionalmente alguns para a salvação e não outros. Isto suscita outra forma de pergunta com a qual temos labutado. Esta oferta liberal de salvação a todos é realmente genuína? É feita com um coração sincero? Procede de verdadeira compaixão? A vontade de que ninguém pereça é uma vontade de amor *genuína*?

GEORGE WASHINGTON E A SINCERIDADE DA VONTADE SALVADORA DE DEUS

A maneira como eu ilustraria isto é explicada por Robert L. Dabney, em um ensaio escrito há mais de cem anos.[13] Sua abordagem é bem detalhada e responde a muitas objeções que vão além dos limites deste livro. Darei apenas a essência de sua solução, que me parece correta, embora

---

13 Robert L. Dabney, "God's Indiscriminate Proposals of Mercy, as Related to his Power, Wisdom, and Sincerity", em *Discussions: Evangelical and Theological*, Vol. 1 (Edinburgh: Banner of Truth Trust, 1967, orig. 1890), pp. 282-313. Esta abordagem de Dabney foi publicada anteriormente em John Piper, *The Pleasures of God*, pp. 145-1146.

ele, assim como eu, tenha admitido que não "provemos uma explicação exaustiva deste mistério da vontade divina".[14]

Dabney usa uma analogia da vida de George Washington, extraída da obra *The Life of Washington*, de John Marshall, juiz presidente da Suprema Corte. Um certo major André havia colocado em risco a segurança da jovem nação por meio de atos de traição "infelizes e negligentes". Marshall fala sobre a ordem de morte que Washington assinou: "Talvez em nenhuma ocasião de sua vida, o comandante-chefe obedeceu com mais relutância às ordens solenes do dever e da política". Dabney observa que a compaixão de Washington por André era "real e profunda". Ele também tinha "poder total para matar e para manter vivo". Por que, então, ele assinou a ordem de morte? Dabney explica:

> A volição de Washington de assinar a ordem de morte não surgiu do fato de que sua compaixão era superficial ou fingida [lentes normais], e sim do fato de que era racionalmente equilibrada por um complexo de juízos superiores... de sabedoria, dever, patriotismo e indignação moral [lentes grande-angulares].

---

14 Robert L. Dabney, "God's Indiscriminate Proposals of Mercy", p. 309.

Dabney imagina um defensor de André ouvindo Washington dizer: "Faço isto com a mais profunda relutância e piedade". Em seguida, o defensor diz: "Visto que o senhor é supremo nesta questão e tem plena habilidade física para não assinar a ordem, saberemos, por assinar esta ordem, que a sua piedade é hipócrita". Dabney responde a isto dizendo: "A petulância desta acusação seria igual à sua tolice. A piedade era real, mas era restringida por motivos superiores. Washington tinha poder físico e oficial para libertar o criminoso, mas não tinha a aprovação de sua própria sabedoria e justiça".[15] O ponto correspondente, no caso da eleição divina, é que "a ausência da volição [eficaz] em Deus para salvar não significa necessariamente a ausência de compaixão".[16] Deus tem "uma verdadeira compaixão, que é restringida, no caso dos... não eleitos, por razões coerentes e santas, de tomar a forma de volição para regenerar".[17] "A sabedoria infinita de Deus regula toda a sua vontade, guia e harmoniza toda os seus princípios ativos."[18]

---

15 Robert L. Dabney, "God's Indiscriminate Proposals of Mercy", p. 285.
16 Robert L. Dabney, "God's Indiscriminate Proposals of Mercy", p. 299.
17 Robert L. Dabney, "God's Indiscriminate Proposals of Mercy", p. 307.
18 Robert L. Dabney, "God's Indiscriminate Proposals of Mercy", p. 309.

O QUE DEUS NÃO QUER "DE SEU CORAÇÃO"

Em outras palavras, Deus tem uma compaixão real e profunda por pecadores que estão perecendo. Jeremias mostra esta realidade no coração de Deus. Em Lamentações 3.32-33, ele fala do julgamento que Deus trouxe sobre Jerusalém: "Ainda que entristeça a alguém, usará de compaixão segundo a grandeza das suas misericórdias; porque não aflige, nem entristece *de bom grado* os filhos dos homens". A expressão "de bom grado" traduz uma palavra hebraica composta (*milēbo*) que significa, literalmente, "de seu coração" (Cf. 1Rs 12.33). Parece que esta é a maneira de Jeremias dizer que Deus quer *realmente* a aflição que ele causa, mas *não* a quer da mesma maneira como quer a compaixão. A aflição não vem "de seu coração". Jeremias estava tentando, como nós estamos, reconhecer a maneira como um Deus soberano quer duas coisas diferentes, aflição e compaixão.

As expressões de piedade e os rogos de Deus contêm amor. No coração de Deus, há uma inclinação genuína por poupar aqueles que cometem traição contra seu reino. Mas a sua motivação é complexa, e nem todo verdadeiro elemento em sua motivação se eleva ao nível de escolha eficaz.

Em seu grande e misterioso coração, há tipos de anseios e desejos que são reais – eles nos dizem algo verdadeiro sobre o caráter de Deus. No entanto, nem todos estes anseios governam as ações de Deus. Ele é governado pela profundeza de sua sabedoria, expressa por meio de um plano que nenhuma deliberação humana poderia conceber (Rm 11.33-36; 1Co 2.9). Há razões santas e justas pelas quais as afeições do coração de Deus têm a natureza, a intensidade e a proporção que elas têm.

OBJEÇÕES À ILUSTRAÇÃO DE GEORGE WASHINGTON

Dabney estava ciente de que vários tipos de objeções poderiam ser apresentadas contra a analogia de George Washington, quando aplicada a Deus. Três destas objeções são iluminadoras e devemos considerá-las. Primeiramente, alguém pode dizer que a analogia funciona com um governante humano, que não é onipotente, mas não com Deus, que é todo-poderoso. Um governante humano prevê os efeitos negativos de seu perdão e não pode superá-los, sendo, por isso, obrigado a condenar. Deus é onipotente e, por isso, não é constrangido por tal incapacidade.

Dabney respondeu:

> Sabemos que o alvo final [de Deus] é a sua própria glória. Mas não sabemos todas as maneiras pelas quais Deus concebe que sua glória é promovida... Em sua própria onisciência, Deus pode ver um motivo racional, diferente de incapacidade, para restringir sua [inclinação] atual de piedade para como determinado pecador.[19]

Observe como Dabney não estava se deixando guiar pela lógica humana. Estava apenas se harmonizando com a Escritura e dizendo em essência: as Escrituras dizem que é desta maneira; portanto, Deus deve ter suas razões.

Uma segunda objeção à analogia de George Washington vem da reflexão teológica elevada sobre a unidade e a simplicidade de Deus: "Essa teoria de motivo e livre agência não pode ser aplicada à vontade divina, por causa da absoluta simplicidade do ser de Deus e da unidade de seus atributos com sua essência".[20]

---

19 Robert L. Dabney, "God's Indiscriminate Proposals of Mercy", pp. 288-289.
20 Ibid., p. 287.

JOÃO CALVINO: A SIMPLICIDADE
E A UNIDADE DA VONTADE DE DEUS

João Calvino também viu este problema. Também foi submisso à Bíblia e foi um exegeta tão bom que viu nas Escrituras o que temos visto: "Que, de maneira inefável e maravilhosa, nada é feito sem a vontade de Deus, nem mesmo aquilo que é contrário à sua vontade".[21] Ele deu vários exemplos bíblicos, como a desobediência dos filhos de Eli ao seu pai, "porque o SENHOR os queria matar" (1Sm 2.25), e Amós 3.6, que diz: "Sucederá algum mal à cidade, sem que o SENHOR o tenha feito?"

Mas Calvino levou a sério a simplicidade e a unidade de Deus e advertiu que "a vontade de Deus não está, portanto, em guerra consigo mesma, nem muda, nem finge não querer o que não quer. Embora a vontade de Deus seja uma e simples nele, ela parece multiforme para nós, por causa de nossa incapacidade mental; não compreendemos como, de maneiras diferentes, ele quer e não quer que algo aconteça".[22]

A questão real aqui é se a unidade e a imutabilidade de Deus são ameaçadas e se ele fica à mercê de criaturas

---

21 John Calvin, *Institutes of the Christian Religion*, Vol. 1, trad. Ford Lewis Battles (Philadelphia: The Westminster Press, 1960), p. 235 (Inst. I.xviii.3).
22 *Institutes*, p. 234 (Inst. I.xviii.3).

que causam flutuações em seu coração, que o tornam dependente delas e dividido em sua vontade. Esta é a preocupação nas confissões históricas quando dizem que Deus é "sem paixões". Dabney responde, dizendo:

> Embora Deus não tenha... mera susceptibilidade, de modo que sua criatura possa causar um efeito sobre ela, sem consideração à vontade e à liberdade de Deus, ele tem princípios ativos. Estes não são paixões, no sentido de flutuações ou agitações, mas, apesar disso, são afeições de sua vontade, distinguidas ativamente das cognições em sua inteligência.[23]

Além disso, Dabney diz, as ações das criaturas de Deus "são ocasiões reais, mas não causas eficientes da ação, tanto das afeições quanto da vontade divina".[24] Em outras palavras, Deus não está à mercê de suas criaturas, porque, embora reaja genuinamente às ações delas com afeições e escolhas, esta reação é sempre de acordo com o querer anterior de Deus, em completa liberdade. Portanto, ele não

---
23 Robert L. Dabney, "God's Indiscriminate Proposals of Mercy", p. 291.
24 Ibid.

é obrigado a reagir por causa de outros, como não é, por assim dizer, encurralado numa compaixão frustrada que ele não previu.

A simplicidade e a unidade de Deus não devem ser entendidas como que significando o que a Bíblia não tenciona que elas signifiquem. "A Bíblia sempre fala dos atributos de Deus como distintos, mas não como divisores de sua unidade; de sua inteligência e vontade como diferentes; de sua ira, amor, piedade e sabedoria não como as mesmas atividades do Espírito infinito."[25] A unidade do Espírito de Deus está, não em ele não ter afeições nem em todas as suas afeições serem um único ato simples; pelo contrário, sua unidade está na harmonia e proporção gloriosa de tudo que ele é – cada afeição e propensão revelam algo da complexidade uniforme e harmoniosa da mente de Deus.

NENHUMA AGITAÇÃO NA MENTE DIVINA

O terceiro tipo de objeção à analogia de George Washington é uma extensão da segunda, ou seja, que "nenhum equilíbrio de motivos subjetivos existe sem conflitos interiores, o que seria inconsistente com a imutabilidade e a

---

25 Ibid., p. 290.

bem-aventurança de Deus" (p. 287). Dabney concorda que isto é difícil de imaginarmos – que Deus seja movido por toda a energia de afeições e, apesar disso, mostre toda a equanimidade de deidade. Mas isso não é impossível. Ele observa sabiamente que, quanto mais puras e firmes são as afeições e os pensamentos de uma pessoa, tanto menos luta é envolvida em ajustá-las numa decisão racional e justa.

Para ilustrar, Dabney imagina um homem de condição mais instável do que a "calma majestosa" de Washington diante da mesma escolha:

> Ele teria mostrado muito mais agitação; talvez, teria largado a caneta e a teria pegado novamente; teria tremido e chorado. Mas isso não comprovaria uma compaixão mais profunda do que a de Washington. Sua natureza rasa não era capaz de sentimentos profundos em direções virtuosas, como os que enchiam a alma de Washington. A causa da diferença seria isto: Washington era mais nobre e mais sábio, bem como uma alma mais sensível.[26]

---

26 Ibid., p. 298.

Dabney oferece uma ilustração a respeito de como afeições profundas e mistas não têm de resultar em luta e agitação interna:

> Santos moribundos declararam, às vezes, que seu amor por sua família nunca antes fora tão profundo e tão sensível, mas, apesar disso, foram capacitados, por graça, a proferir-lhes uma despedida final, com tranquilidade exultante. Se o enobrecimento das afeições capacita a vontade a ajustar o equilíbrio entre elas com menos agitação, qual será o resultado quando a sabedoria for a de onisciência, a virtude for a de santidade infinita, e o autocontrole for o de onipotência?[27]

Ele admite que "nenhuma analogia entre as ações de uma inteligência e vontade finitas e as de uma inteligência e vontade infinitas pode ser perfeita".[28] No entanto, acho que ele está certo ao dizer que estas três objeções não anulam a verdade essencial de que pode haver, em um coração nobre e grande como o de George Washington (até num

---
27 Ibid., p. 299.
28 Robert L. Dabney, "God's Indiscriminate Proposals of Mercy", p. 287.

coração divino), compaixão sincera por um criminoso que, apesar disso, não é libertado.

DEUS É CONSTRANGIDO PELA SUA PAIXÃO POR MANIFESTAR A PLENITUDE DE SUA GLÓRIA

Portanto, afirmo, como João 3.16 e 1Timóteo 2.4, que Deus ama o mundo com uma compaixão sincera e real, que deseja a salvação de todos os homens.[29] Mas afirmo também que Deus escolheu, desde antes da fundação do mundo, aqueles que ele salvará do pecado. Visto que nem todas as pessoas são salvas, temos de escolher se cremos (como os arminianos) que a vontade de Deus de salvar todas as pessoas é restringida por seu compromisso com a autodeterminação final do homem ou se cremos (como os reformados) que a vontade de Deus de salvar todas as pessoas é restringida por seu compromisso com a glorificação de todas as suas perfeições, em exaltar sua graça soberana (Ef 1.6, 12, 14; Rm 9.22-23).

---

29 Quanto a um apoio adicional para isto, em vista da eleição incondicional e da redenção particular, ver John Piper, "'I Will Not Give My Glory to Another': Preaching the Fullness of Definite Atonement for the Glory of God", em David Gibson e Jonathan Gibson, eds., *From Heaven He Came and Sought Her: Definite Atonement in Biblical, Historical, Theological & Pastoral Perspective* (Wheaton: Crossway, 2013).

Esta decisão não deveria ser feita com base em suposições filosóficas a respeito do que pensamos que a responsabilidade humana exige. Deve ser feita com base no que as Escrituras ensinam. Não acho na Bíblia que os seres humanos têm o poder de autodeterminação final. Pelo que posso dizer, essa é uma pressuposição filosófica trazida à Bíblia, mas não está ali.

CRISTO CONVIDA TODOS A VIREM – DEVEMOS FAZER O MESMO

Meu propósito neste livro era apenas mostrar que a vontade de Deus de que todas as pessoas sejam salvas não conflita com a graça soberana de Deus na eleição nem com todas as realizações de sua graça, que fluem dessa eleição. Essa é a minha resposta para a pergunta anterior, a respeito do que restringe a Deus de salvar todas as pessoas, em seu compromisso supremo de sustentar e mostrar toda a sua glória. Desde toda a eternidade, seu plano é magnificar sua glória na criação e na redenção. O alvo de Deus é fazer da glória de sua graça a revelação mais elevada de si mesmo (Ef 1.6). E, para esse fim, ele mandou seu filho a esta criação e fez de Cristo - crucificado por pecadores e vitorioso sobre a morte – o clímax da manifestação da glória de sua graça.

Tendo como base a plenitude e a majestade da realização de Jesus na cruz, agora nós o oferecemos, e tudo que ele realizou pelos seus eleitos, a cada pessoa na terra. Cristo convida todos a virem. E todo aquele que vier será salvo. Todo aquele que recebe a Cristo foi escolhido desde a fundação do mundo, sendo também um herdeiro de uma herança infinita.

Declaramos três coisas como fundamento para o oferecimento universal do amor de Deus e da salvação em Cristo a todos os que estão no mundo. 1) Cristo é realmente o Filho de Deus, todo-poderoso, todo-sábio, todo-satisfatório, oferecido no evangelho. 2) Por meio de sua morte e sua ressurreição, ele realizou o amor de Deus, discriminador, definido, eletivo, regenerador, criador da fé, garantidor de toda promessa, o amor da nova aliança, comprando e assegurando irreversivelmente, para seus eleitos, tudo que é necessário para levá-los da morte no pecado para a vida e a alegria eterna e gloriosa na presença de Deus. 3) Todos, sem exceção, que recebem a Cristo como tesouro supremo – que creem em seu nome – serão unidos a Cristo na aceitação desse amor eletivo e o desfrutarão, com todos os seus dons, para sempre.[30]

Portanto, eu digo, com as palavras do último capítulo da Bíblia: "Aquele que tem sede venha, e quem quiser receba de graça a água da vida" (Ap 22.17).

---

30 Estes três pontos são adaptados de meu capítulo intitulado "'I Will Not Give My Glory to Another': Preaching the Fullness of Definite Atonement por the Glory of God".

FIEL MINISTÉRIO

O Ministério Fiel visa apoiar a igreja de Deus, fornecendo conteúdo fiel às Escrituras através de conferências, cursos teológicos, literatura, ministério Adote um Pastor e conteúdo online gratuito.

Disponibilizamos em nosso site centenas de recursos, como vídeos de pregações e conferências, artigos, e-books, audiolivros, blog e muito mais. Lá também é possível assinar nosso informativo e se tornar parte da comunidade Fiel, recebendo acesso a esses e outros materiais, além de promoções exclusivas.

Visite nosso site
www.ministeriofiel.com.br

Esta obra foi composta em Goudy Old Style Regular 11, e impressa na Promove Artes Gráficas sobre o papel Apergaminhado 70g/m², para Editora Fiel, em Março de 2025.